삶〉시

이희중이 쓴 짧은 시평론 모음

도서출판 월인

■ 저자의 말

이 책의 출간은 사실 오래 전에 계획되었다. 두 번째 평론집을 내면서 함께 준비했으니 벌써 여남은 해가 되었다. 그러나 나는 곧 손을 놓았고 이후 돌아보고 싶지 않아 돌아보지 않았다.

나는 아이들이 자라는 것을 지켜보았고, 산마을에 집을 짓고 풀을 깎으며 살았다. 문득 돌아보니 어지러운 풀밭은 들과 마당에만 있지 않아서, 이제 웃자란 풀을 깎듯이, 안 쓴 문에 걸친 거미줄 걷듯이 이 일을 서둘러 마무리한다. 앞으로 두세 번은 더 해야 다 될 것 같다.

지난 두 권의 평론집에는 길고 굵어 보이는 글들을 주로 실었다. 짧고 가늘어 보이는 글들이 갈 데 없이 남았다. 어떤 글은 짧아서 굴러다녔고 어떤 글은 마음에 차지 않아 겉돌았다. 이제 길게 늘이지도 속을 채우지도 못한 채 슬그머니 펴내고자 할 뿐이다. 짧은 글이라서 생각도 짧은 것은 아니라고 혼자 천천히 말해 본다. 귀한 텍스트에게, 그 주인에게 미안하고 고맙다.

거의 손보지 않았다. 지금 눈과 손으로 고치는 일이 뜻이 없을 만큼 세월이 흐르고 만 것이다. 내가 쓴 글에서는 한자를 최소한 남겨 병기하되 텍스트의 표현은 건드리지 않았다. 각 마디 안에서는 발표 순서를 거슬러 배열했다.

책 제목은, 나를 문학 비평의 길로 이끈 스승의 말씀에서 허락 없이 빌렸다. 불편하더라도 〈시보다 큰 삶〉 또는 〈삶보다 작은 시〉로 읽어주길 부탁한다. 오래 전 출간을 약속하고 원고를 손질해 주신 이재욱 형님, 이제 황급한 마무리를 감당해 주신 박성복 사장님, 최형필 상무님께 감사드린다.

2015년 봄, 글쓴이

차 례

0 시, 문학

1 시집, 시인

2 시집들

3 작품들

4 시집 해설

0

시, 문학

시로 가는 길

시가 어렵다고 생각하는 사람들이 많습니다. 그들은 대개 국어책 바깥에서는 시를 읽어본 적이 별로 없는 사람들일 겁니다. 국어책에 실린 시들을 선생이 가르치는 대로, 참고서가 일러주는 대로 밑줄 치고 외우고 시험보고 하면서 우리는 시에 대한 첫인상을 망쳤습니다. 한 편의 시에는 우리가 도저히 짐작할 수 없는 엄청난 배경과 원리가 있고, 그것은 누군가가 우리에게 설명해주는 것이라고 생각하게 되었지요. 다른 사람의 도움이 없으면 시를 읽지 못하는 〈의존적인 독자〉가 양산된 것입니다. 이 대목이야말로 우리의 교육이 학생의 능동성과 주체성을 억누르는 방식으로 이루어져 왔다는 사실의 중요한 증거가 아닐 수 없습니다. 시는 다른 무엇보다도 읽는 사람 스스로가 깊숙이 젖어들어야 맛볼 수 있는 열매입니다. 마음을 열고 시인의 아주 작은 목소리에 귀 기울일 태세가 되어 있지 않으면 그것은 한갓 종잇장 위의 검정 얼룩에 지나지 않지요. 만인이 명시라고 입을 모아 칭송해도, 내 눈에 들지 않고 내 귀를 울리지 않으면 하찮은 쓰레기에 불과할 뿐입니다. 바로 당신이 움직이지 않으면 아무 일도 일어나지 않습니다.

저는 시가 어렵다고 푸념하는 사람들에게 세상에 드물게 있는 값어치 있는 것들은 다 조금씩 어려운 법이 아니냐고 묻고 싶습니다. 좋은 것은 쉽게 얻기 어렵습니다. 시는, 신문에 실린 이런 저런 글을 읽는 눈길로 한번 훑어 읽어서 온전히 내 것이 되지 않습니다. 이런 혼선은, 시가 우리 모두 능숙하게 사용하는 말과 글이라는 도구를 함께 사용하기 때문에 생깁니다. 비록 같은 도구를 사용하기는 하지만 시에서 쓰이는 말과 글은 일상생활에서 쓰는 그것과 많이 다릅니다. 두루 알려져 있다시피 시에서 쓰인 낱말은 아주 공들여 선택한 결과입니다. 한 편의 시를 쓰기 위해 시인들은 마음속에서 아주 긴 글을 씁니다. 그러니까 좋은 시 한 줄은 한 문단의 산문과 맞먹는 얘깃거리를 등 뒤에 숨기고 있는 때가 많습니다. 시인들은 직설적으로 풀어 말하는 일을 별로 즐기지 않습니다. 그렇게 말하는 것이 옳지 않다고까지 생각합니다. 말로 다 할 수 없는 곡절도 세상에는 많으니까요. 말로 다 할 수 없는 심사를 굳이 말로 하려는 사람이 시인이고 그러다 보니 어렵게 보이기도 하는 것입니다.

그러므로 우리는 시를 읽을 때 얼마간 대가를 지불하지 않으면 안 됩니다. 우리가 준비할 대가는 마음의 집중입니다. 세상에는 그냥 큰소리로 웃으며 들을 이야기가 있고, 심각하게 들을 이야기도 있습니다. 시는 시인이 오래 고민한 끝에 조심스럽게 꺼내는 이야기를 담고 있습니다. 그리고 좋은 시는 그 고민과 조심스러움이 우리에게 옮아와 자신의 삶과 세상을 새로운 눈으로 둘러보게 해 줍니다. 새로운 것은 늘 조금은 난감한 기분이 들게 합니다. 바람직한 조건에서 이는 우리의 건강한 호기심을 자극하고 스스로 이 난관을 통과하도록 애쓰게 만듭니다. 이 과정을 지난 〈나〉는 〈예전의 나〉와 달라집니다. 이것이 흔히 말하는 내면의 성장이겠지요. 지금 내 수준에 꼭 맞는 것은 나에게 위로는 줄 수 있을지 몰라도 나를 성장으로 이끌기는 어렵습니다. 자신을 편안하게 만드는 친구도 필요하지만 자신의 삶을 돌아보게 하고 분발하게 하는 친구도 필요합니다. 시도 꼭 그렇다고 저는 생각합니다.

많은 사람들이 사랑하는 사람이 생겼을 때 시를 써 본다고 합니다. 이를 혼자 간직하는 사람도 있을 테고 사랑하는 사람에게 전한 사람도 있겠지요. 적지 않은 사람들이 사랑하는 사람의 마음을 움직이는 데 시의 힘을 빌린다는 말을 처음 들었을 때 저는 놀랐습니다. 이것이 우리 모두가 타고날 때부터 가지고 있는 시인의 마음이 아닐까 생각했습니다. 모두가 불심佛心을 가지고 있다는 말처럼, 애초 모든 사람의 마음에 시심詩心은 깃들어 있는 것인지도 모릅니다. 사람들은 그렇게 사랑하는 사람의 마음을 얻고 결혼에 성공하고 나서, 시인의 마음을 덮어버리고 더 관심을 쏟는 다른 일에 몰두하게 되지만, 시인들은 우리 모두가 가지고 있는 시인의 마음에 아주 단단히 매인 사람들입니다. 그들은 어떤 이유에서든 평생 시를 쓰기로 한 사람들입니다. 게 중에는 시를 쓰지 않고는 못 배기는 사람도 있고, 세상에 남들보다 잘 할 수 있는 일이 시 쓰는 일뿐인 사람도 있고, 시인이라는 〈멋진〉 명패를 가슴에 달고 싶어 하는 사람도 있습니다.

우리 땅에는 만 명이 넘는 시인이 있다고 알려져 있습니다. 그들 모두가 멋진 모자를 쓰고, 파이프를 문 채 〈시인다운〉 특이한 언행을 일삼는 별난 사람들은 아닙니다. 대개의 시인들은 따로 생계를 가지고 있습니다. 그들도 평범한 많은 사람들처럼 직장을 가지고 있어서 출근하고 일하고 퇴근하고 술을 마십니다. 그리고 귀한 시간을 쪼개어 시를 쓰고 발표하고 몇 년에 한 번씩 시집을 냅니다. 사람들이 외국어 학습서와 처세술에 관한 책을 고르거나, 나른한 일상이 싫어 신문 광고에 난 소설책을 구하러 들른 서점 한 구석에 시집들이 꽂혀 있습니다. 화려한 베스트셀러들 너머 눈길 닿지 않는 구석에서 독자들을 기다리고 있습니다.

사람들의 입에 두루 오르내릴 기회를 얻지 못한 좋은 시집들이 많이 있습니다. 기호와 취향이 다르므로 누구에게나 좋은 시집은 아주 드물 수밖에 없습니다. 어떤 시집이 모든 독자들의 입맛에 맞으리라고 장담할 수는 없습니다. 독자에 따라서는 어떤 시집 속의 풍경에 전혀 공감하지 않을 수도, 전혀 다른 매력을 새로 발견할 수도 있을 겁니다. 앞서 썼다시피 자연스럽고 바람직한 일입니다. 누구의 안내도 도움도 없이 시에 이르는 자신의 길을 찾은 것이니까요. 그렇다면 우리는 이제 토론을 시작할 수 있습니다. 토론은 좋은 시가 우리를 이끌고 가는 가장 값진 만남의 자리이며, 가장 고양된 자리입니다. 수많은 시집 가운데 적어도 한 권 정도는 이 가을, 시를 다시 만나는 독자의 책상 위에서 또 그의 호주머니 속에서 제 몫을 다하기를 바랍니다. 그래서 이웃의 시인을 만나고, 마침내 자신의 마음속에 숨죽이고 있던 시인의 마음을 만나고, 시를 사랑하는 동지들을 만나기를 또한 바랍니다.(2002)

문학, 다시 만나야 할 옛 친구

젊은 시절에 문학을 가까이하지 않은 사람도 드물지만, 학교를 떠난 후에도 계속 문학을 가까이하는 사람 또한 드물다. 교문을 나서면서 세상과 삶을 향한 호기심과 상상력을 자극하던 푸근하고 신비로운 책 속의 세상도 함께 등져버린 것이다. 그래서 그들이 아끼던 소설책과 시집 들은 교과서와 함께 버려져 헌책방을 굴러다닌다. 대신 그들의 서가에는 출세지침서와 실용영어책이 꽂힌다.

문학 작품을 즐기고 따지는 능력이 전공 학생 못지않던 이들도 학교를 떠난 후에는 저급한 오락 영화나 텔레비전 연속극에 울고 웃는다. 세월이 흘러 가파른 세상의 고갯길을 무난히 오른 이르신들은 널찍한 사무실의 휑한 서가를 채우려고 호화로운 장정의 전시용 문학 전집을 산다. 그리고 한창 세상을 배우는 아들딸들에게 책을 많이 읽으라고 틈틈이 점잖게 타이르며, 시의적절하게 이광수의 『무정』과 박목월의 「나그네」를 들먹이는 일을 잊지 않는다.

어쭙잖게 문학 선생이 된 지금, 나는 가끔 일간지 한 켠에 실리는 명사들의 이른바 애송시나 추억의 명작 소개를 유심히 본다. 그 글에서 그들은 어김없이 김소월, 윤동주, 한용운, 이육사, 서정주,

박목월 등과 이광수와 김동인, 나도향, 현진건, 김동리, 황순원 등이 쓴, 학교를 다녔으면 누구나 들어봄직한 걸작을 꼽고, 어디선가 배웠음직한 해설을 덧붙인다.

물론 이들 시인 작가들이 우리 문학사에서 환한 빛을 발하는 작품을 생산한 위대한 존재임을 부인할 도리는 없다. 유명 일간지가 모실 만한 지명도를 가진 이 시대의 명사名士들도 한 때는 학생이었음에 틀림없고, 그들의 소중한 추억 가운데에는 드넓은 세상의 진실과 어지러운 삶의 마당을 헤쳐 갈 지혜를 가르치던 문학 작품들이 이처럼 또렷이 자리 잡고 있었던 것이다. 그들의 아름다운 추억은 따로 존중받아 마땅하다.

그러나 한편으로 나는 서글프고 안타깝다. 나는 그들이 박경리, 김주영, 박완서, 오정희, 조세희, 윤흥길, 이문열, 윤대녕, 은희경, 성석제 등의 현대 작가나, 신경림, 황동규, 마종기, 김명인, 이성복, 황지우, 최승자, 장석남, 김기택, 문태준 등의 현대 시인의 작품을 거론하기를 기대하는 것이 꼭 합당하지 않음을 안다.

김소월, 이광수 등의 시인 작가를 들더라도 판에 박은 듯한 작품들에서 벗어나기를 간절히 기대한다. 미처 교과서에 수록될 기회가 없었던, 그러나 교과서에 수록된 작품 못지않은 멋과 맛을 가진 작품을 그들의 추천으로 다시 읽게 된다면 우리가 그들에게 바친 존경과 신문의 귀중한 지면은 보람을 얻을 것이다.

자신이 평생을 몸담은 분야에서 우뚝한 자리에 오른 존경할 만한 어른들이 그에 걸맞은 문학적 안목과 감식력을 가지고 있다는 사실은 생각만 해도 즐겁다. 이 때 문학적 감식력은 다름 아닌 그의 남다른 개성이며, 삶을 바라보는 그만의 혜안이라고 해서 틀림이 있을까.

학창 시절 교과서에서 본 작품들은 문학 작품 전체의 0.1%에도 미치지 못할 것이다. 더군다나 지금도 도서관과 서점의 문학서가가 끝없이 넓혀지고 있음을 염두에 둔다면 교과서 작품의 비중은 더욱 줄어든다고 보아야 할 것이다. 나는 학교를 벗어난 많은 사람들이 자신과 같은 세월을 함께 늙어가며 자신과 비슷한 삶의 문제를 고민하는 또래 작가와 시인들에게 더 많은 관심과 시간을 할애하기를 소망한다.

역설적이게도 어려운 시대는 위대한 문학을 낳는다. 최근 한 세기 동안 우리 역사는 다른 시대의 우리 역사뿐만 아니라, 다른 민족의 역사와 비견하더라도 그 곡절의 위태로움과 변전의 어지러움이 덜하지 않다.

더구나 가까운 반세기는 앞선 반세기 이민족의 지배 못지않은 상처를 남긴 전쟁과 분단과 투쟁의 시대가 아닌가. 그 눈물과 피를 거름으로 우리 문학은 보기 드문 줄기와 열매를 이루었다.

그래서 어느 평론가는 분단과 투쟁의 시대에 탄생한 우리 문학을 당대 세계 최고 수준의 리얼리즘이라고 규정하기도 했다. 국제 마라톤의 승전보에 비견해 손색이 없는 이 자랑스러움을 온 겨레가 함께 나누어 마땅하다. 게다가 그것은 지금 우리가 맞닥뜨리고 있는 문제를 해결하는 데, 이를 바라보는 합당한 방식에 대한 중요한 실마리를 간직하고 있으므로, 운동 경기에 견줄 바가 아니다.

지난 반세기 동안 우리의 문학 교육은 몇 걸음 더 나아가지 못했다. 결과를 무엇보다 중시하고 과정을 소홀하게 여기는 사회의 풍토는 어김없이 교육의 장을 어지럽혔다. 문학 교육뿐만 아니라 교육 전체의 답보에는 제도와 방법보다는 문화와 관례의 책임이 크다.

목표와 결과만을 위해서 편법과 요령을 구하는 데 전력을 투자하는 분위기 속에서 온전한 교육이 설 자리는 없다. 아무리 좋은 교과서를 만들더라도 그 취지와 이상을 고려하지 않고 엉뚱한 편법을 찾는 영악한 머리 앞에서는 아무 소용이 없다.

괄호를 메우기 위해 시 전체를 암기하고, 한두 가지의 명료한 주제를 가려 주지 않으면 배운 것이 없다고 생각하는 학생과 이를 조장하는 학부모 앞에서 문학 교육이 온전하기를 바라기란 무망하다. 새로운 시험 제도의 도입으로 독서와 문학의 중요성이 많이 복구되기는 했어도 여전한 시험 강박과 점수 집착의 풍토 앞에서 진정한 문학 교육은 행방이 묘연하다.

후배들과 아들딸들도 여전히 요약판 문학서를 뒤적거리고, 상세한 내용을 담은 참고서에 밑줄 긋고 외는 공부에서 별반 벗어나 있지 않다. 30년 후 그들 중 성공한 이들은 일간지에 김소월과 윤동주의 시를 애송시로 꼽는 데 주저함이 없을 것이다. 그들이 드는 애송의 이유는 그들의 뇌리 깊숙이 보존되어 있을 참고서의 내용을 크게 벗어나지 않을 것 같다.

바람직한 문학 교육은 좋은 문학 작품을 꼼꼼히 읽을 기회를 제공하는 데서 나아가, 스스로 좋은 문학을 찾아 읽을 수 있는 능력을 기르는 데까지 이르지 않으면 안 된다. 그것은 선생과 학자들의 연구와 분석의 결과를 외우고 암기하는 것은 사실 별로 중요하지 않으며, 스스로 문학 작품의 아름다운 자양을 자신의 마음으로 흡수하는 주체적 독서의 방법을 터득하게 하는 것으로 요약된다.

바람직한 문학 교육을 성공적으로 받은 이는 저 유치하고 현란한 일간지의 도서 광고와 대형 서점의 베스트셀러 순위와 향기로운 표지 디자인에 쉽게 현혹되지 않고, 그들과 비판적 거리를 유지한다. 아울러 스스로 도서관과 서점의 서가 앞에 당당하게 서서, 삶의 보편적 가치와 자신의 개성적 취향을 저울질하며 자신의 책을 고른다. 그런 사람들은 이제 그들의 아들딸에게 목표보다 과정이 중요하다는 사실과 점수보다 더 중요한 것이 있다는 사실을 몸으로 가르칠 수 있다.

좋은 문학은 예나 지금이나 인간의 진실과 삶의 지혜를 가르친다. 문명의 발달과 생활양식의 변화에도 불구하고 동서고금의 역사와 문학이 보여주는 인간의 문제에는 보편적 범주가 있다. 그것은 사랑과 밥과 이 모두를 초월한 고결한 가치를 향한 것이다.

지역과 시대에 따라 그 고뇌의 외양이 달라 보이는 것은 등장하는 인물들이 사용하는 말과 입은 옷과 그들이 속한 공간의 지형이 다르기 때문이다. 그러나 진정한 문학적 질문의 방법은 언제나 같다. 오늘 우리와 같은 공기를 숨 쉬며 같은 말로 시와 소설을 짓는 사람들도 먼 시간과 공간에 시와 소설을 짓던 사람들과 같은 주제를 다룬다.

그들이 우리 앞에 펼치는 전망은 먼 옛날 원시의 산야를 바라보며 깊이 생각에 몰두하던 조상의 머릿속을 닮아 있고, 갓을 쓰고 산길을 바쁘게 걷던 또 다른 조상의 가슴속을 닮았다. 그들이 쓴 시와 소설 속에서 수많은 조상들은 우리를 닮은 인물로 환생하는 것이다.

누구는 말할지도 모른다. 문학이 보여주는 진실이 더는 진실이 아니며, 그 안에 담긴 지혜가 더는 쓸모가 없다고. 그러나 그렇지 않다. 『삼국지』와 출세지침서만이 경세와 지혜의 보고일 수 없다. 이 편법과 술수와 요령이 난무하는 19세기 말의 위태로운 우리 사회에 잘못된 권장도서와 처세지침서들의 책임이 없지 않다.

겉모양은 변화를 거듭해도 진정한 가치의 속알은 움직이지 않는 것이다. 문학은 우리들을 이끌어, 세상에 대한 무한한 신뢰와 경이감을 간직한 채 정의와 진리를 향한 자신의 가능성을 키우던 젊은 날의 순수한 자아에게로 데려다 줄 것이다.(1996)

건강한 허무주의, 건강한 감상주의를 기다리며

—새 세기의 문학

1.

신神은 시詩를 좋아하지 않을 것이라는 스승의 말이 생각난다. 이 말에서 〈시〉는 소설과 희곡을 포함한 문학 텍스트 일반으로 그 의미 영역을 넓힐 수 있다. 정말 신이 있다면 오늘날 우리가 읽는 시와 소설을 못마땅해 할 것이 분명하다. 이는 우리의 문학이 그의 미의식과 취향에 어울리지 않거나 못 미치기 때문이 아니라, 현대 인류의 문학이 인류의 운명과 현실을 절대적인 존재에서 분리하고 이를 순전히 인류 자체의 문제로 취급하는 쪽의 길을 골라 왔기 때문일 것이다. 말하자면 문학은 이 세상이 얼마나 잘못 만들어져 있는지, 이 말이 지나치게 포괄적이라면 인간이 얼마나 잘못 만들어졌는지를 알뜰하게 파헤치는 쪽으로 진행되어 왔다는 뜻이다. 이는 우회적일망정 신을 향한 비난과 책임추궁의 뜻을 지니지 않을 수 없다. 얼마간 비약이 있는지는 모르지만, 인간의 가능성을 믿고 인간의 사회를 개조하고자 앞장 선 문학조차도 그보다 앞서 현재 인간과 사회의 부정적 실상을 더 적나라하게 진단하고 확인해야 했다는 선례는 재미를 넘어서 서글프기조차 하다. 그러나 인간의 가능성과 역사의 진보를 믿지 않는 허무주의자와 그 반대에 선 개량적 낙관주의자의 차이는 이처럼 인간의 참혹한 현실을 진단하는 데서 갈라지는 것이 아니다. 그들의 진정한 차이는 미래에 대한 생각에 있을 뿐이다.

신은 자신이 만든 이 세상과 자신이 만든 최고의 〈걸작품〉이라 믿을 것임이 분명한 인간의 불완전함을 낱낱이 파고드는 문학이 못마땅할 것이다. 인간이 시와 소설을 읽고 감명 받는 잔치에 신을 초청할 수는 없다. 신은 이 세상에서 시가, 문학이 완전히 사라지기를 바라고 있을 것이 분명하다. 꿈을 말하자면 나도 이 세상에서 시가, 문학이 완전히 사라지기를 바란다. 시가, 문학이 완전히 사라지는 날은 인간이 완전히 행복해지는 날일 것이기 때문이다. 행복하다면 누가 시를 지을 것인가. 신이 이 세상과 인간을 만든 것이 사실이라면 그는 이 불완전하고 불구不具한 세상과 인간을 몸소 고치지 않으면 안 된다. 명백히 그의 책임이기 때문이다. 세상과 인간을 신이 만든 것이 아니라면, 또는 만들었다 해도 고칠 의도와 능력이 없다면, 우리가 스스로 고쳐야 한다. 그럴 수 있을까? 전망은 아주 어둡다. 개인적 신념으로 말하자면 신이 세상을 만든 것 같지는 않다. 신이 있다 하더라도 그의 책임이나 능력이 우리의 존재근거 자체까지 지배하거나 좌지우지한다고 믿기 어렵다. 그가 우리를 도울 수 있을지는 모르나 우리가 처한 상황에 대해 무한책임을 져야 할 것 같지는 않다. 그리고 무엇보다도 인간이 스스로를 더 알아나갈 수는 있겠지만, 스스로를 개조하는 데는 분명한 한계가 있어 보인다. 가까운 시일 안에, 이를테면 한 오천 년 안에 인간이 스스로의 문제를 획기적으로 개선할 것이라고 믿기는 정말 어렵다. 여담이지만 나는 지난 세기말에 어떤 외계 문명 또는 지성과 획기적인 조우가 있을 것이란 예언에 큰 흥미를 가진 바 있다. 내가 가진 신념의 체계 안에서는 그와 같은 정도가 신의 도움에 들기 때문이다. 그러나 〈신〉은 오지 않았다. 적어도 우리보다 500년이라도 앞선 문명이 우리에게 다가와 충고해 줄 수 있다면, 그들이 우리의 후손이든, 전혀 다른 발전과정을 겪은 먼 외계의 문명이건, 아니면 그들이 우리의 발생과 진화에 과학적 방법으로 개입한 우리의 〈창조자〉이건, 어쨌든 그런 일이 좀 있어도 좋겠다고 생각한 적이 있었다. 그러나 그런 일은 일어나지 않았다. 하기는 그들에게 우리의 문명이 제멋대로 쓰고 있는 천년이니 이천 년이니 하는 단위가 무슨 의미가 있겠는가. 그들이 꼭 1999년에 오거나 말거나 할 이유란 것이 도대체 있는 것일까.

신이든, 외계의 지성이건 그런 허망한 기대에 모든 걸 걸 수는 없다. 궁극적으로 우리 모두가 행복해지는 날, 그래서 시와 소설이 더 이상 필요 없어지는 날이 쉽게 올 것 같지 않다고 해서 속수무책으로 살 수는 없다. 그리고 이 세상의 음험하고 불길한 기운에 나의 존재를 방기할 수도 없다. 우리는 그 동안 무엇인가를 해야 하고, 희망의 따뜻한 불씨를 지켜야 하고, 아이들을 낳아 후대를 기약해야 하고, 착잡하지만 그래도 주변에서 뜻 깊은 것을 찾아내 동지들에게 알려야 한다.

그래서 여전히 문학은 할 일이 많다. 나는 평소에 제 속이 아무리 어두워도 그 어두움을 있는 대로 발설할 수 없는 직분의 사람으로, 성직자, 교육자, 정치가를 들어왔다. 만약 발설하지 않고 견딜 수 없다면 이런 일을 하면 안 된다. 어두운 제 속을 정면으로 거울을 보듯이 들여다보고 싶다면 그는 기도원이나 선방에 들어가야 할 것이다. 그리고 문학을 해도 좋을 것이다. 문학 또한 어두운 제 속을 정면으로 들여다보는 일을 허용하고 권장한다. 이는 그 일이 진정한 인간의 현실을 깨닫는 한 길이기 때문일 것이다. 문학은 끝없는 허무주의까지도 하나의 문학적인 태도임을 인정하는 영역인 것이다. 그러나 그 허무주의를 자신도 모른 채 권력화하고 동시대의 인간들에게 유포시키려 애를 쓰는 것은 정치적 행위이다. 그 예를 우리는 이문열에게서 본다. 근원적으로 허무주의의 철학은 응축적이고 구심적인 것이다. 그의 허무주의는 권력과 만날 약속을 하는 순간 이미 타락하고 부패한 것이다.

2.

우리의 허무주의는 최소한의 건강성을 간직하지 않으면 안 된다. 그것은 과정에서는 비판정신을, 결론에서는 엄정한 과학정신을 요청한다. 감상에 빠지지 않고, 부정적인 심리적 기제를 사용해 왜곡하지 않은 순정한 허무주의는 아름답기까지 한 것이다. 이는 인간의 실존적 현실, 그 비극성을 인간적인 방법으로 드러내기 때문이다.

그러므로 우리의 문학은 가식 없는 내면 탐구에서 다시 출발해야 한다. 그래서 어둡지만 부정할 수 없는 진실을 목도하고 응시해야 한다. 울화와 눈물을 참고 지켜보아야 한다. 가능한 한 오래 지켜보아야 한다. 머리끝까지 화가 치밀지만 드러내지 않고 그 경계를 유지하는 일, 눈물이 흐르기 직전의 상황을 유지하는 일은 선명한 하나의 문학적인 태도가 아닐 수 없다. 이는 다시 견인주의와 냉소주의의 갈림길에 서 있는 것과 같다. 여기에 작고한 김현의 경구는 다시 쓸모가 있다. 〈끝까지 살아남아서 이 세상의 무의미와 싸워야 한다〉고 했던가. 그는 아마 실존주의자의 저술에서 이 경구를 조합해 냈으리라. 우리의 삶이 이 실존주의적 비극성에서 별로 벗어나지 못하고 있다. 장차 오랫동안 그렇지 않겠는가. 끝까지 살아남지 못하면, 살아남는다 하더라도 이 세상 허무와의 싸움을 포기하면 모든 것은 무너진다. 나는 태어났고, 지금 살아 있고, 끝내 죽을 것이다.

우리 문학은 오랜 동안 선이 굵은 주제에 매달려 왔다. 〈굵은 문학〉은 우리의 역사적 곡절에서 말미암은 것이었으며 문학의 현실적 역사적 소명에 대한 매우 떳떳한 응대였지만, 그 해결을 문학외적 영역에서 구할 수밖에 없었다는 점에서 한계와 아쉬움을 남긴다. 말하자면 공동체의 살림과 관련한, 불가피한 일이었다고 하더라도 우리 문학의 전반적인 질적 성숙의 기회를 늦추어야 하는 희생은 뼈아픈 것이었다. 〈굵은 문학〉은 좁은 틈이나 작은 구멍을 잘 살피기 어렵다. 골격을 세우는 일뿐만 아니라 세부를 단단하고 아름답게 하는 일도 중요하다. 그런 점에서 지금 실험하고 있는 〈가는 문학〉은 그 동안 우리가 등한히 해온 우리 문학의 틈과 구멍을 탐사하고 메우는 작업이 될 것이다. 뒤늦게 그 일을 하는 셈인데, 진척은 더디다.

그래서 나는 말이 좀 억지스럽지만, 건강한 허무주의, 건강한 감상주의를 말하고자 한다. 이는 허무주의와 감상주의의 영역으로 들어서는 경계를 유지하는 정신의 긴장과 단력이라고 설명될 수 있다. 여기야말로 학문적 글쓰기와 비평적 글쓰기를 포함한 비문학적 글쓰기와 문학적 글쓰기를 가르는 경계이다. 이 긴장과 탄력에 기대어 다른 영역을 탐색할 수도 있을 것이다.

작고 가는 것을 소홀히 하지 않는 문학을 기다린다. 크고 굵은 것에 대한 적응과 단련은 기왕 우리 문학에 어지간히 자리 잡고 있다고 보기 때문에 균형을 위해서 더욱 절실하다. 정신의 얼개로서 가능한 한 완전하게, 또한 말 덩어리로서 가능한 한 보기 좋게,

낱개의 낱말과 문장들 또한 가능한 한 아름답고 정확하게 손질되고 마감된 〈문학적 건축〉을 기다린다. 이 빈한한 세상에, 이 초라한 삶에, 우리의 눈과 귀 그리고 무엇보다도 마음을 놀라게 할, 문학이 곁에 있다면 얼마나 큰 위로와 기쁨이 될 것인가. 그 위로와 기쁨이 값싸고 도취적이고 소모적이어서 결과적으로 진상을 은폐하는 무엇이 아니라, 우리의 삶을 반듯하게 하고 삶의 어두운 진상조차 직시하게 하는 무엇이기를.(2000)

1

시집, 시인

시의 높고 큰 산

—신경림 시집 『뿔』

1.

늦깎이 열성 독자로서, 후배시인으로서, 또 풋내기 평론가로서 나는 열 해 전에 신경림의 시에 대한 경의를 글로 표한 적이 있다. 그때 이미 나는 그의 시가 우리 시의 지형에서 가장 장대한 산맥을 이루었다고 큰소리를 쳤던 것이다. 그 후 시집 세 권이 더 나왔는데, 놀라운 일은 이들 시집 각 권이 그의 시가 기왕에 이룬 성취를 확인하게 하는 데서 나아가, 여전히 활발한 지각운동으로 산맥의 높이를 더하고 있다는 사실이다. 그의 시는 아직도 경이로운 긴장을 붙든 채 연륜을 더하면서 새로운 경지로 나아가고 있다.

우리 현대사는 존경할 만한 어른을 배척해왔다. 즉 유례를 찾기 힘든, 까다로운 시험으로 〈원로〉의 길을 좁혀온 것이다. 그래서 최근 수십 년 우리 젊은이들은 존경할 만한 동족의 어른이 거의 없는 세상을 살아왔다고 할 수 있다. 이 참담한 상황은 시인에게도 마찬가지이다. 시가 좋으면 삶의 이력에 흠이 있고, 사람이 어지간하면 시의 품이 짐이 되는 수가 많았다. 신경림은 시와 삶의 이력, 양면을 아울러 보아 존경받을 만한 어른임에 틀림없다. 새 시집

『뿔』을 읽으면 이와 같은 판단의 근거는 더 단단해진다.

2.

나는 우리 시사에서 신경림의 자리를 각별하게 생각한다. 그가 낸 시의 길은, 매우 독특하고 개성적인 것으로, 백석 같은 선배 시인들이 낸 거친 숲길을 넓히고 이은 것이다. 그리고 이 길은 근 한 세기에 이르는 우리 현대시의 역사에서 생성된 가장 한국적인 시의 흐름이 되었다. 신경림의 시가 결락된 우리 시사를 상상하기 어렵다. 그의 시는 이야기를 이끌고 또한 생성한다. 이는 우리의 삶에 가깝고 우리의 눈에 쉽고 우리의 손에 꼭 잡힌다.

요컨대 중요한 것은 그의 시가 자신의 삶과, 같은 축을 중심으로 구르는 두 바퀴를 이루고 있다는 사실이다. 언제부터인가 우리 시단에는 〈쥐어짜는 시〉, 억지로 만드는 시를 칭송하고, 그런 시를 쓰기 위해 노력하는 일을 당연하게 여기는 풍토가 자리 잡았다. 비평가들이 만든 〈시적 전략〉이라는 말을 시인이 앞질러 받아들이고 모종의 〈전략〉 아래 시를 쓰는 풍토가 만연되었다. 〈전략〉은 비평의 용어일 뿐이며, 시인에게 그 전략은 무의식적인 것이거나 내면화한 것이어야 옳다. 〈전략〉 아래 시 쓰기는 한 편의 시를 쓰기 위해 고심하고 부심하는 것과는 다르다. 이는 창작주체 내면의 깊은 전언을 길어 올리려 하기보다는 구경꾼이나 훈수꾼의 반응에 지레 신경을 쓰므로 광고문안 쓰기와 형편이 닮았다. 잘 고안되고 은닉된 〈시적 전략〉이, 〈비평적 전략〉에 눈먼 얼치기 평론가들을 잠시 현혹시킬 수는 있겠지만, 무한에 가깝다고 할 미래의 독자들까지 그렇게 하기는 어려울 것이다. 그런 면에서 자신의 삶에서 자아낸 실로 손수 짠 베 같은 시의 전범인 신경림의 시는 의미심장한 하나의 길을 가리킨다. 나는 우리 시가 〈시적 전략 아래 글쓰기〉라는 소모전에서 벗어나기를 바라며, 그 길을 인도하는 하나의 본이 신경림 시에 있다고 믿는다.

3.

신경림의 새 시집 『뿔』의 시들은 지향이 다채롭다. 그 언어와 상상력은 그의 여느 시집 못지않게 싱싱하다. 지난 시집들에서부터 꾸준히 추구되어온 갈래의 연장선에 위치하는 시편들도 있고, 새롭게 탐사되는 시편들도 넉넉하다. 비록 지난 시편들과 소재에서 연관되어 있다고 하더라도 그 방법과 시각은 새롭다고 하기에 부족하지 않다. 여행 또는 방랑의 시편들은 대체로 시집 앞쪽에 있는데, 〈저승〉 즉 사후 세계를 끌어들이고 있는 점이 눈에 띄며(「떠도는 자의 노래」), 그 여정이 이미 가본 곳을 다시 가거나(「陋巷謠」), 집으로 돌아오는 길(「집으로 가는 길」)이라는 점도 기억할 만하다. 또한 직접, 간접적으로 역사적 관심을 담은 시편들(「비에 젖는 서울역」, 「장미에게」, 「그들의 손」 등」), 세상과 사람을 거리를 둔 채 관찰하는 시(「눈 온 아침」, 「바람」, 「비—江邑記 1」), 좀더 가까이 다가가 냉소하거나 풍자하는 시(「개미를 보며」, 「뿔」, 「개」, 「맹인」, 「銀河」), 따뜻하게 미래를 내다보는 시(「아름다운 열차」, 「겨울날」) 등이 아울러 있다. 새롭게 탐사되는 시편들은 〈저승〉의 세계를 가족 중심으로 다룬 시편들(「편지」, 「강 저편」)과, 걸인 또는 부랑자를 소재로 한 시편들(「乞人行」 연작, 「遁走」 등)이 우선 눈에 띄며, 분류와 집단화가 쉽지 않은 새로운 시들(「무엇일까, 내가 두려워하는 것들이」, 「사막」, 「兒冢」, 「幽閉」, 「불」, 「저 소리는 어디에」, 「카페에 앉아 K331을 듣다」, 「연어」, 「활엽수」, 「꿈」, 「城」, 「산토끼」 등)도 적지 않다. 이들 시편에 대해서는 별도의 관찰이 필요할 것이다. 시집의 뒷쪽에는 해외로 이어진 발길의 소산으로 젊음과 욕망의 시편(「빛」, 「少女行」 연작)과, 〈강 건너〉의 가까운 세계로 그려진 분단시편들(「신의주」, 「추석」 등)이 자리 잡는다.

4.

「陋巷謠」, 「비」, 「무엇일까, 내가 두려워하는 것들이」, 「隣人」, 「불」, 「편지」, 「한 오백년 뒤의」, 「연어」, 「少女行 1」 「이웃 아낙네들」 등을 나는 각별하게 읽었다. 이 중 몇 편만 살펴본다. 「陋巷謠」는 〈발에 익은 거리〉와 〈낯익은 얼굴〉을 만나는 〈익숙한 곳 편안한 곳〉의 여행을 즐기는 경지를 보여준다. 생소한 곳을 찾는 것이 제격의 여행이라는 통념과 크게 어긋난 이 단계는 여행을 즐기는 가장 높은 경지라고 할 수도 있을 것이다. 그런 점에서 「지상에 새롭지 않은 것은 없다」 같은 작품도 길이 같다.

「무엇일까, 내가 두려워하는 것들이」는 독자에게 하나의 수수께끼를 던진다. 〈풍경 속에 숨어 있는 것〉, 일상의 사물 뒤에 숨어 〈나를 빼꼼히 올려다보며 킬킬대며 웃는 것들〉, 〈두려워서 층계로 도망쳐 내려오는 내 어깨와 가슴팍에 달라붙어 나를 모르겠느냐며 간질이고 꼬집는 것들〉, 〈온통 골목과 길바닥에 널려 있는 것들〉, 〈벽 틈과 창 뒤에 숨어 있는 것들〉은 무엇일까? 나는, 그것이 운명 또는 시간이거나 또 다른 〈나〉이거나 죽은 사람의 영혼이 아닐까 짐작하지만 어느 것에도 자신이 없다. 다만 죽은 사람의 영혼이라면 이전 시에서 이승의 일을 잊지 못해 떠돌던 원혼들이 이제 꽤 천진난만해진 듯한데, 그럼에도 시의 화자가 여전히 심각해서 흥미롭다.

「편지」는 이 세상을 떠난 가족들의 안부를 어머니에게 묻는 서간 형식인데, 기분은 더 이상 애절하지도 침통하지도 않다. 오히려 웃음과 친밀감이 넘친다. 저승에 있을 가족과 이웃들의 삶을 익살스럽게 짐작하는 내용의 시 「강 저편」의 〈저승인들 무어 다르랴 아옹다옹 얽혀 살던 내 가족 내 이웃 다 거기 가 살고 있는데〉라는 결구에서 보듯이, 이제 시인에게 죽음은 복구할 수 없는 결별이 아니라 이승과 동일성을 유지하는 다른 장소로 이동하는 일일 뿐이다.

이전 시의 이야기에 이어 읽는 흥미로는 「연어」를 뺄 수 없다. 좌우갈등으로 짐작되는 어떤 참사에 아버지를 잃고 어려서 고향을 떠난 아들이 다시 돌아온 일을 담담하게 서술하며 시의 화자는 〈살다보니 원한도 그리움이 되던가? 센 물살 어렵게 거슬러 올라오다가, 잊었다고? 미움도 아픔도 잊었다고?〉라며 묻고는, 〈아무렴 알을 낳으렴, 연어보다 더 아름답고 빛나는 알을.〉이라 격려한다. 이 시는 화해의 꿈과 그 방법을 묻고 있다.

5.

우리 시를 한 덩이의 지형에 비유한다면, 신경림의 시를 〈높고 큰 산〉에 비유할 수 있으리라고 나는 생각해본다. 그렇다면 이 각별한 지역의 속사정은 아직 우리에게 다 알려지지 않은 것이다. 그 각별한 풍광 속 어디에 활화산이 있기 때문이다. 그러므로 전모는 미래의 몫이 아닐 수 없다. 이렇게 수사에 기대어 봐도 나는 여전히 궁금하다. 신경림의 시는 무슨 까닭으로 아직도 이렇게 젊은 것일까.(2002)

고향에서 다시 시작하라

—김용택 시집 『나무』

독해의 난이도로 나누자면 〈쉬운 시〉와 〈어려운 시〉가 있다. 완성도로 나누자면 〈잘 쓴 시〉와 〈못 쓴 시〉가 있다. 이 두 기준을 섞어 조합하면, 〈잘 쓴 쉬운 시〉, 〈못 쓴 쉬운 시〉, 〈잘 쓴 어려운 시〉, 〈못 쓴 어려운 시〉가 있을 수 있다. 읽기 어려운 시는, 독자의 접근이 쉽지 않아서 완성도를 평가하는 자리까지 이르지 못하는 일이 많고, 소수 전문적인 독자들에게서만 그 진가와 허점이 가려진다. 비평가들에게는 어려운 시를 좋아하는 경향이 있는데, 이는 분석의 재미를 즐길 수 있고 나아가 그 결과를 과시할 수 있기 때문이다. 아울러 문학이란 에둘러 말하는 것이라는 통설을 적용하여, 어렵고 잘 쓴 시를 가장 좋다고 평가하는 관행도 있다. 이에 비해 읽기 쉬운 시는 일반 독자들이 두루 즐기는데, 그 중 잘 쓴 시는 아주 많은 독자들의 사랑을 받기도 한다. 나는 〈잘 쓴 쉬운 시〉가 가장 높은 경지의 시이며 이는 시인이 포기하지 말아야 할 목표라고 생각한다.

좋은 시는 글을 아는 대부분의 사람들에게 좋게 읽힌다. 이를테면 김소월, 윤동주의 시가 그렇다. 이들의 시는 독자의 학식이 많고

적음에 따라 저마다 다른 감동을 여러 층위로 갖추고 있다. 그래서 스무 살에 읽을 때 다르고 마흔 살에 읽을 때 다른데, 삶과 세상에 대한 남다른 통찰을 보여주며 독자를 자극한다는 점에서는 같다. 쉽고 좋은 시를 쓰기는 참으로 어렵다. 어렵고 좋은 시를 다시 여러 번 손질하여야 쉽고 좋은 시가 된다. 나는 김용택 시인의 시가 바로 〈잘 쓴 쉬운 시〉라고 생각한다.

김용택 시인의 새 시집 『나무』에는 시가 스물다섯 편 있다. 요즘 나오는 시집들이 보통 쉰 편 정도의 시를 싣고 있음을 생각하면 새 시집에는 그 절반의 시가 실린 셈이다. 이는 새 시집의 시들이 두루 긴 편이라는 사실을 알려준다. 애초 김용택 시인은 긴 호흡을 가지고 있었다. 「섬진강」 연작이 그랬고, 아름다운 연시 「사랑」이 그랬다. 그의 시가 함축보다는 가락을, 빛나는 비유보다는 해학어린 사설을 중시하기 때문일 것이다. 원래 우리 운문은 간결한 갈래인 시조, 절구, 율시뿐만 아니라 유장한 갈래인 가사, 판소리, 사, 부가 더 있었다. 김용택 시인의 시는 후자에 더 가깝다고 해야 할 것이다. 「귀거래사」는 도연명이 쓴 같은 제목의 〈사〉를 패러디한 것인데, 주제와 내용뿐만 아니라 형식에서도 그렇다.

「이 소 받아라」는 어린 시절의 회상을 통해 한 가족이 화해롭게 어울려 사는 모습을 형상화하였다. 어린 화자는 누이를 업고 집밖에서 논다. 어머니는 해질 무렵 식구들의 밥을 짓고 아버지는 소를 앞세워 밭에서 돌아온다. 하루의 노동을 마친 식구들은 집에 모인다. 아버지는 아들에게 〈땀에 젖은 소 고삐〉를 건네며 〈이 소 받아라〉라고 말한다. 세대 연속의 끈끈한 상징이 배어 있는 의미심장한 구절이 제목이 되었다. 이 시에서 나는,

누이를 업고 / 쭈그려 앉아 공기놀이나 땅따먹기를 하면 / 누이는 맨발로 땅을 차며 / 껑충거렸지요 일어나보면 땅에는 누이의 발가락 열 개 자국이 또렷하게 찍혀 있었습니다 / 나는 누이 발바닥에 묻은 흙을 두 손으로 털어주고 찬 두 발을 꼭 쥐어주었습니다

와 같은 구절에 오래 눈이 머문다. 릴케의 말처럼 시인은 이런 작은 경험을 한 편의 시로 키워내는 씨앗으로 삼을 줄 아는 사람인 것이다. 여기에는 경험해 보지 않은 사람이 알 수 없는 삶의 구체적 장면이 있고, 그 속에 어린 오라비의 따스한 마음이 오랜 세월을 넘어 살아 있다.

사실 김용택 시인의 시에서 농촌은 오늘날 삶의 다양한 공간 가운데 한 곳이 아니라, 우리 모두의 삶이 발원한 곳을 가리키는 말이다. 그곳에 원초적 노동과 생산이 있고 근원적 삶과 가족이 있다. 등장하는 인물들이 대부분 가족이라는 사실은 시인의 삶이 원초적 공간이 덥히는 온기 속에 뿌리박고 있음을 의미한다. 「겨울, 채송화씨」에서 시인은 시골집으로 어머니를 찾아간다. 그리고 그곳에서 〈이 마당에서 벌거벗고 뛰어놀던 내 형제들과 이웃 아이들의 웃음소리 대신 어머니는 해마다 발 디딜 곳 없이 마당 가득 화려한 채송화를 피워놓〉았음을 본다. 또 〈자고 일어나고 밥 먹고 일하는 사람들의 하루가 꽃이 된다. 칠십 평생 고된 노동으로 이룬 따뜻한 어머니의 잠 속으로 들어가 자고 싶다. 어머니의 깊은 잠만이 나를 새로 깨울 꽃이다〉라고 말한다. 더 나아가,

저 황량한 거리, 재활용이 불가능한, 쓰레기 같은 모든 거짓 사랑 속에서 미련없이 걸어 나와 누구도 닿지 않는 먼 잠을 자리. 저 물소리 끝까지

따라가 잠자는 겨울 채송화씨, 그 끝에서 나는 자고 깨어 그리운 우리집 마당으로 꽃이 아니면 다시 오지 않으리, 꽃이 아니면 나는 나를 이 세상에 허락하지 않으리

라는 결단에 찬 노래에 이른다. 그는 자신이 성장한 〈우리집〉을 잊지 않는다. 우리도 모두 〈우리집〉에서 태어나 자랐다. 〈우리집〉이 있는 곳이 고향이며, 그 중심이자 우리 마음의 중심이기도 하다. 「세한도」에서는 고향의 〈우리집〉에 앉아 여유 있게 세상을 바라보는 시인의 마음이 잘 드러나 있다. 〈우리집〉에만 들어서면 우리는 얼마나 힘이 났던가. 시인은 이 시에서 〈포크레인〉에 분노하고, 〈소나무〉를 연민한다. 또 가족, 풍속, 자연 등 본래 고향에 있던 것을 노래하고 달라진 풍속을 관찰하고 먼 곳에 사는 술 취한 지인의 전화 주정을 받아주고 정치를 욕하면서, 자신은 고향의 편안함에 싸여 한껏 게으름을 피우기도 한다. 그의 눈에 어머니가 포함된 겨울 고향의 정경은 〈세한도〉가 된다. 그리고 그는 반성한다. 〈외로움은 분노가 아니다. 세계를 향한 분노를 잃어버린 시인은 시인이 아니다.〉 우리처럼 도시와 농촌, 일터와 집 사이에 걸쳐 사는 시인은 이 시에서 보듯이 고향에서 삶의 의욕을 재충전하는 계기를 얻는다. 진략직으로 산만함을 앞세운 이 각별한 시에서 나는 〈너그들 정말 그렇게 아무 곳이나 올라가 파고, 뒤집고, 자르고, 사늘 부술래 이 염병 삼년에 땀도 못 나고 뒈질 놈들아〉에 밑줄을 긋고 들여다보며 웃으며 분노한다. 김용택 시인의 세한도에서 소나무는 파뒤집히고 있다. 그는 사실 매우 분노하고 있는 것이다.(2002)

풍화하는 것들을 위한 노래

—심재휘 시집 『적당히 쓸쓸하게 바람부는』

심재휘 시인의 첫 시집 『적당히 쓸쓸하게 바람부는』은 〈바람〉으로 채워져 있다. 여기서 〈바람〉은 시간 또는 세월의 다른 이름이다. 시간은 사물의 모습을 바꾼다. 시간이 사물의 세계를 바꾸는 속도는 아주 느리므로 명민하게 관찰하지 않으면 그 변화의 내막을 다 파악하기 어렵다. 산천은 의구하다고 했던가. 그렇지 않다. 세월이 흐르면 바위도 부스러지고, 흙도 흘러내리고, 물길도 바뀐다. 산천이 예전과 다르지 않아 보이는 까닭은 그 변화가 장구한 시간에 걸쳐 아주 천천히 일어나는 것이라서, 고작 백년 정도 살다가는 우리들의 눈에 쉽게 들키지 않기 때문이다.

정작 시간에 따라 현격하게 변하는 것은 살아 있는, 살아가는 것들의 외양이다. 이야말로 시간의 파괴적인 속성을 잘 드러낸다. 살아 있는 것들은 우리들의 눈에 나날이 다르다. 갓난아이의 보드라운 살결에 비하면 우리들의 피부는 얼마나 빠른 속도로 거칠어져 가는 것인가.

시간에 따른 사물의 변화를 우리는 〈풍화風化〉라고 부른다. 이 변화는 거의 예외 없이 점진적 마모와 해체의 과정이므로, 풍화는 사물이 소멸해 가는 원인이자 과정처럼 보인다. 사물과 풍화의 관계가 사실적이라면, 생물과 풍화의 관계는 그보다 은유적이다. 나무와 풀과 짐승과 사람은 바람으로 인해 가시적으로 손상되는 바가 있다고 말하기는 어렵지만, 바람의 상징적 배후인 시간에 의해 제 몫의 삶을 소진한다. 그들은 궁극적으로 끝이 있는 삶을 살아간다. 모든 유기체는 풍화에 저항하는 일정한 기제를 내장하고 있으나 결국 풍화에 패배할 수밖에 없다.

심재휘의 시집에는 〈풍경〉과 〈바람의 경치〉가 또한 자주 눈에 띈다. 〈風景〉이 곧 〈바람의 경치〉이므로 이 둘은 같은 말이다. 바람 자체는 보이지 않는다. 그러나 그것은 공기 그 자체이거나 그 움직임이어서 우리가 사는 세상에 만연해 있다고 할 수 있다. 바람과 사물의 관계는 〈들리시나요 당신의 지붕에서 나는 저 소리 / 잘 들어보세요 비에는 소리가 없지요 / 그건 비 맞는 세상이 내는 소리랍니다〉(「아! 사바나의 빗소리」)에서 비와 소리의 관계처럼, 본질과 부수하는 현상의 관계를 이룬다. 바람은 보이지 않으나, 그것에 흔들리는, 심재휘의 방식대로 말하자면 그것에 마모되는 사물의 모습으로 가시화된다. 그러므로 그의 시가 풍경에 골몰하고 있다는 사실은 우리 삶이 몸담은 사물의 현재를 관찰하는 의미와, 풍화하고 있는 사물을 응시하는 의미를 동시에 갖는다.

> 놀이터의 벚나무가 한 때의 나뭇잎을 쏟는다
> 가지에 매달려 오래 바람에 시달렸던 나뭇잎들은
> 바람의 등을 자유롭게 미끄러지며 내려온다
>
> —「북쪽 벽에 못을 박고」에서

벚나무 잎새가 나무에 달려 있을 때 이를 괴롭히는 것도 바람이고, 잎새가 질 때 이를 거두는 것도 바람이다. 이처럼 바람으로 그려진 소멸과 풍화의 영상은 이 시집 곳곳에 있다. 풍경, 즉 바람의 경치 또는 풍화의 정경은 그래서 그의 시구에서, 〈시장 입구에서는 우체통이 선 채로 낡아갔고〉, 〈연기는 바람에 흩어지〉고(「편지, 여관, 그리고 한평생」), 〈거실의 소파는 오직 낡기 위해 누워 있고〉(「玄關, 그리고 벗어놓은 신발」), 〈보고 싶은 사람들이 겉봉에서 낡아가고〉(「폭설」), 〈꽃 그늘은 흉한 소문으로 점점 야위어가〉고(「사월」), 〈눈 맞으며 손 흔들어주던 사랑도 이제는 쌓이고 녹고 하여 또 내일처럼 낡아간〉(「자작나무 흰 몸」), 소멸과 쇠락의 풍경으로 포착된다. 이처럼 풍화로 인해 소멸해 가는 과정에 처한 사물들의 예리한 단면이라 할 현재의 풍경에서는 그러므로 관찰이 이루어지는 시각時刻조차 소중하다. 그의 시 한 켠에는 오전과 오후, 나아가서 오전 열 한 시, 오후 네 시 등의 꼬리표가 자주 붙는다.

심재휘의 시는 한편으로 기억에 의존한다. 기억은 시간의 풍화 앞에 선 우리를 우리답게 해 주는 정체성의 핵심이다. 치매라는 병이 잔인한 까닭은 그것이 우리의 기억을 놓치게 만들기 때문이다. 기억이 없다면 우리는 그저 먹고 싸고 번식하는 미물과 구별될 길이 없을 것이다. 시인은 풍경, 곧 풍화하는 사물들을 보며 현재의 사물들이 지니고 있는 과거의 내력을 반추한다. 때로 이 내력은 사물의 것일 때도 있지만, 대개는 그 사물에 엮인 시인의 기억이다. 이 시집에는 시에는 〈오래된〉이라는 수식어가 자주 나온다. 어떤 사물이 오래되었다는 것은 외양을 통해 깨닫게 되기도 하지만, 그 사물의 과거를 내가 기억하기 때문에 비교하여 판단하게 되는 것이기도 하다.

차곡차곡 쌓여 높아진 페이브먼트
한 겹 한 겹 벗겨나가면 흙먼지 길 옆에
담배 팔고 옥수수 쪄서 팔던 오래된 정거장이 보인다

—「우리 외할머니네 집」에서

겹칠된 포장도로는 나무의 나이테를 닮았다. 이 적층은 제각각 한 시절을 보관하고 있다. 그래서 시인은, 그 한 겹 한 겹을 벗겨내면 포장되지 않은 길, 자신의 유년이 연루된 공간이 있다고 믿는다. 이 기억은 사물의 몫이면서 또한 나의 몫이다. 위 시의 이어지는 연에서 시인은, 외가에서 놀던 어린 날들을 선연히 기억해낸다.

시인은 삭아가고 낡아가는 세상을, 이 시집의 제목처럼 〈적당히 쓸쓸하게〉 노래한다. 시간, 바람 속에서 풍화하는 세상에서 진행되는 시인의 산책이 암울하고 절망적인 것만은 아니다. 그의 시선이 쓸쓸하기는 하지만 그 정도가 〈적당〉하기 때문이며, 풍화하는 삶의 아름다운 단면도 놓치지 않기 때문이다.

민속촌 수양버들의 그늘을 걷다가 내 아버지의 아들과 내 아들이 당도한 대장간의 단단한 모루, 꽃나무를 후려치는 바람은 여전히 제 손목의 시계를 가리키며 교활하게 웃지만 우리는 그냥 불린 쇠에서 닳는 연장이 되어갈 뿐, 발로 밟고 손으로 돌리며 스스로 바람을 만들어 내는 저 대장장이의 근육들 얼마나 성스러운가 그러니까 달구고 식히며 큰 망치가 작은 망치를 만드는 정오에 맞으며 단련되는 망치와 때리며 낡아가는 망치, 세상엔 그것밖에 없는 것이다

—「망치가 망치를 만드는 정오」에서

삼대가 대장간 앞에 멈추어 섰다. 이 시각에도 예의 바람은 〈여전히 제 손목의 시계를 가리키며 교활하게 웃〉고 있다. 할아버지, 시인, 아들은 풍화하고 있는, 유한한 존재가 아닐 수 없다. 그들은 한낱 연장에 지나지 않는 것도 같다. 삼대는 〈낡아가는, 큰 망치〉가 〈단련되는 작은 망치〉를 만드는 풍경을 함께 구경한다. 풍화 속을 견디는, 풍화와 싸우는 삶의 방식은 바로 이것이다. 〈나를 닮은 누구〉를 만듦으로써, 비록 〈나〉는 풍화 앞에 패배하지만, 〈우리〉는 살아남는다. 이는 풍화 속을 사는 위안이면서 즐거움이다. 그러므로 지금 살아있는 모든 것들은 풍화와 벌인 싸움의 승자이며, 사랑하고 교미하는 모든 것들은 미래의 승리를 준비하는 이들이다.

심재휘의 새 시집은 첫 시집답지 않은 집중과 밀도를 보여준다. 한 철 우리 시에서 애용되었던 〈바람〉은 그의 시에서 각별하고 색다른 함의를 지닌다. 그의 바람은, 시대의 바람이 아닌, 유한한 존재의 운명과 상관하는 바람이다. 그래서 그가 관찰하는 풍경은 단순한 묘사와 회억을 넘어 유한한 삶에 대한 실존적 통찰을 포괄한다.(2002)

상처 입은 이들을 위로하는 노래잔치

—나희덕 시집 『어두워진다는 것』

나희덕처럼 비평가와 독자, 양편에서 고루 호평하는 시인의 사례는 많지 않다. 대개 이 양편은 천칭과 비슷해서 한쪽이 낮아지면 다른 쪽은 높아지기 마련인데 이 시인에게 보내는 이 시대의 갈채는 양편이 고르다.

나희덕의 감각과 정신은 이 시대의 급소를 정확히 누르고 있다. 그래서 독자들은 그의 말들이 제압하고 있는 부분의 통증을 감지한다. 독자들에게 이 통증이 자극에 그치지 않고 공감을 낳는 것은 시인 스스로가 아픈 사람이기 때문이다. 말하자면 나희덕의 시는 스스로의 아픔을 모아 우리의 아픔으로 엮어낸 공예라고 할 수 있다.

시집 『어두워진다는 것』의 표지 안쪽에는 맑은 웃음을 머금은 시인의 흑백사진이 실려 있다. 실제로 그는 잘 웃는 사람이다. 잠깐 만난 이에게 그는 행복에 겨운 사람으로만 보일지 모른다. 그러나 세상에 행복하기만 한 사람이 어디 있는가. 겉으로 밝은 사람일수록 속은 어두울 수 있다. 그러므로 밝은 표정의 사진으로 시작하는 이 시집의 가운데로 상처와 슬픔의 강이 흐르고 있다는 사실은 별로 놀라운 일이 아니다.

스스로의 상처가 깊지 않다면, 나무 의자를 보며 〈스물여섯 도막의 통나무가 한그루 의자가 될 때까지 얼마나 많은 못에 찔려야 했는지〉 알 것 같다고 노래했겠는가(「한그루 의자」). 자신을 〈무엇으로부터 찢겨진 몸〉이라고 단정한 후 열무 잎, 해초, 걸레조각 따위에 자신의 몸을 〈대보고〉 다녔겠는가(「흔적」). 〈한 마리 나방인 듯이 창문에 부대껴 서서〉 남편과 아이들이 평화롭게 지내고 있는 자신의 집을 몰래 들여다보았겠는가(「불 켜진 창」). 축음기 소리를 들으며 〈저 낡은 소리는 어떤 상처를 읽은 것〉이라고 말할 수 있겠는가.

아픔을 처절하게 노래한 많은 시들과 나희덕 시의 차이는, 상처와 아픔으로 점철된 생애를 보는 눈길의 향방에서 말미암는다. 나희덕에게 상처는 오늘의 삶을 망가뜨리고 내일의 삶까지 흐려놓는 무엇이 아니다. 그는 십년 후의 자신에게 〈사랑이라는 이름으로〉 편지를 띄우는 사람이다(「다시, 십년 후의 나에게」). 훗날 오늘의 이 아픔이 가시리라 확신하지 못하면서 미래의 자신에게 편지를 쓰는 일은 눈물겹고 고집스런 것이다. 이 끈질긴 희망이 나희덕 시의 힘이다.

우리는 모두 저마다의 짐을 지고 살아간다. 시집 『어두워진다는 것』은 짐을 진 우리를 초대하는 공감과 위로의 잔치 마당이다.(2001)

판본, 영혼 그리고 비탈의 집

—송재학 시집 『기억들』

새 시집 『기억들』에는 좀 무른 데도 보이지만 송재학 시의 외양은 여전히 단단한 편이다. 이는 그가 근원적이고 궁극적인 것을 응시하는 태도로서 팔짱을 풀지 않기 때문이다. 사실 이 팔짱을 풀 필요는 딱히 없을 듯하다. 물러진 부분을 밝히려면, 한사코 주를 달던, 이를테면 현학취 또는 노파심이 덜어졌다는 사실을 우선 유의해야 하겠다.

그럼에도 불구하고 문헌학적, 서지학적 상상력은 텍스트를 시 쓰기의 계기로 삼는 그의 본래 취향이 남긴 자취라고 하지 않을 수 없다. 〈흔들리는 불빛의 手話〉(「기다린다는 생각」), 〈길과 문자 사이의 골짜기를 내내 걸었다〉(「이하석」), 〈쥐똥나무 열매는 까만색, / 그 나무의 손발이 빚어낸 點字〉(「검은색의 음악회」)등의 구절은 그의 상상력이 기호 또는 문자의 세목들을 향해 있다는 사실을 환기한다. 이런 유의 상상력은 「황무지에로의 접근」이라는 시에서 저수지에 모인 물처럼 가득하고 화려하다. 이 시는 사막을 겨냥하면서 〈첫 페이지〉, 〈모래 서가〉, 〈책〉, 〈저자〉, 〈뒤표지〉, 〈각주〉, 〈책갈피〉, 〈판본〉 등의 화살을 사용한다. 서지학적 상상은 송재학의 것이면서, 이제 많은 동시대 시인들이 공유하는 무기가 되었다.

송재학의 새 시집을 이끄는 새로운 화두는 〈영혼〉이다. 그에게 〈영혼〉은, 친밀감을 나누는 물상을 자신의 불변하는 정체성과 엮는 끈이자 표지이면서, 자신이 꿈꾸는 해탈 또는 초월의 과정을 대리 실행하는 가상의 존재이기도 하다. 가령 〈그 새들은 흰 빰이란 영혼을 가졌네〉라고 말하고, 그 새가 물을 차고 날아오를 때 〈날개 소리는 내 몸 속에서 먼저 들리네〉라고 노래한 다음 〈흰빰검둥오리가 떠매고 가는 것이 이 늪을 포함해서 / 반쯤은 내 영혼이리라〉(이상 「흰빰검둥오리」)라고 마무리하는 경우는 전자에 속한다. 느티나무 가지에 쌓인 흰 눈을 보고 〈저 흰옷이야말로 나무의 영혼〉(「눈의 무게」)이라고 말할 때도 마찬가지이다. 반면 〈아마 내 전생은 축생이었으리〉(「누에」), 〈내가 어느 서역승의 후생이라는 것을 안다〉(「환생」) 등의 구절은 후자에 속한다. 흥미로운 것은 이때 그의 〈전생〉 또는 〈후생〉이 궁극적 깨달음의 과정에 대한 은유의 형상이라는 사실이다. 그 내막은 〈저녁 무렵 저 누에가 그저 웅크린 산이고만 싶을 때를 나는 안다네 그때 나도 누에도 몸 한쪽은 벌써 나비인 것을〉(「숨쉬는 산」)이라는 구절에 고스란히 있다. 또한 「라마승」이라는 시는 깨달음을 향한 시인의 열망이 일상의 사소한 순간을 어떻게 관통해 가는지 보여준다. 수퍼마켓에서 우연히 마주친 〈사내〉에게서 시인은 〈어디선가 한번 본 얼굴〉임을 눈치 챈다. 오래 전 그는 수행의 동지였다고 한다. 속으로 웅얼거리는 질문 〈너는 어디까지 갔니?〉는, 그러므로 몇 생을 헤어져 지냈던 동지에게 건네는 인사말인 셈이다.

〈지금 이 삶〉을 절대화하지 않고 앞뒤에 다른 물상에 깃들인 영혼의 삶을 상정하는 환생 또는 윤생의 상상력은 〈지금, 이 삶〉을 상대화, 도구화하는 길을 걷지 않을 수 없다. 그래서 이런 생각의 배후에는 많든 적든 부정적, 비극적 세계관이 자리 잡게 마련이다.

그런 점에서 송재학의 새 시집에서 눈에 띄는, 말랑말랑하면서도 진정성과 아름다움을 잃지 않고 있는 서정적인 시, 「아버지도 오시는 무덤」과 「나무는 경계가 아니다」가 구체적인 죽음을 시에 끌어들이는 장면은 시사적이다. 이들 시편은, 「안 보이는 사랑」, 「격포」 같은 서정시의 정통적 양식과 어조를 가진 작품들과 함께 묶은 독자들에게 낯선 편이다. 이들은 송재학의 시가 얼마간 물러졌다는 사실을 믿게 한다. 나는 사적으로는 쉬운 시, 그러면서도 읽을수록 새맛 묵은 맛이 아울러 나는 시를 좋아하는 편이지만, 모든 시가 그 길을 가야 한다고 생각하지는 않는다. 문제는 이유이다.

그렇다 하더라도 송재학 시의 본류는 여전히 사변적이며 형이상학적인 곳에서 발원한다. 이번 시집에서 그가 각별히 기억하는 세상 풍경은 섬의 비탈 위에 있는 어떤 집이다. 시인을 사로잡은 것은 그 집의 〈비탈이 품어내는 쓸쓸함〉이며, 그 벼랑의 집은 〈반야바라밀다심경처럼 단순하고 깊〉지만, 시인이 갸륵하게 생각하는 것이 이것만은 아니다. 멀어지면 전체가 보이는 법, 그 집도 그렇다. 그 집은 〈구만리 남쪽으로 날아야 하는 큰 새의 날개〉(이상 「쓸쓸한 비탈」)로 덮혀 있다. 말하자면 〈비탈이 품어내는 쓸쓸함〉은 〈큰 새의 날개〉가 지닌 변화, 비약, 이륙의 잠재력 때문에, 직요의 세계가 아니라, 터질 듯한 긴장을 내면화한 무엇이 된다. 그것은 태풍 전야의 고요 같다. 「소나무」라는 시에도 비치는 비탈의 미학은 송재학이 보는 삶의 가운데 어디쯤 있다.(2001)

외로운 사람의 봄노래

—고재종 시집 『그때 휘파람새가 울었다』

고재종은 새 시집 『그때 휘파람새가 울었다』는 길었던 지난겨울의 끝자락에 나왔지만 꽃피는 계절에 읽는 게 제격이다. 시종 꽃과 나무를 노래하고 있기 때문이다. 시인은 〈외로운 자는 소리에 민감하다〉(「달밤에 숨어」)고 했다. 외로운 자가 누군가를 기다리는 사람이 아닐 수 없다면 그는 문소리나 발소리에 마음이 쉬 움직일 것이다. 그뿐이겠는가. 귀만이 아니라 눈과 코와 살갗인들 그렇지 않을 도리가 있겠는가. 들판과 산밑과 나무 곁에 서서 시야 가득 그리움의 증거와 서러움의 체취를 느끼는 그의 독백은 바로 〈외로운 자〉의 노래이다.

세상에 이미 있는 대부분의 시에서처럼, 그의 새 시집에서 자연은 이법과 섭리를 깨우치게 하는 말없는 스승이기도 하지만, 속마음을 비추어내는 거울 즉 비유적 상관물이기도 하다. 고재종이, 〈잦은 바람 속의 겨울 감나무를 보면, 그 가지들이 가는 것이나 굵은 것이나 아예 실가지거나 우듬지거나, 모두 다 서로를 훼방 놓는 법이 없이 제 숨결 닿는 만큼의 찰랑한 허공을 끌어안고, 바르르 떨거나 사운거리거나 건들대거나 휙휙 후리거나〉(「나무 속엔 물관이 있다」)라고 쓸 때 자연은 말없는 스승이다. 같은 나무의 가지들은 제멋대로 뻗은 것처럼 보이지만 유심히 보면 그렇지 않다. 가지는 잘 설계된 기구같이 배열되어 있다. 봄날 그 가지에 돋아날 잎들은 사람들 눈에 보기 좋게 하기 위해서가 아니라 생존의 절실한 효용 때문에 존재한다. 이를테면 한 줄기의 햇빛도 허비되지 않도록, 애써 마련한 이파리가 다른 형제의 그늘에 가리어 쓸모없이 되지 않도록 설계된 것이다. 나무의 품 가운데에는 이파리가 없다. 시인은 가지들이 〈서로를 훼방놓는 법이 없이 제 숨결 닿는 만큼의 찰랑한 허공을 끌어안〉고 있음을 안다. 하나의 질서와 원리는 아름다움과 다르지 않다. 자연 속에서 순정한 노동으로 살아가는 사람들의 보람과 조화의 원리를 간결하게 그린 「유월의 동요」도 같은 길 위에 있다.

한편 고재종의 자연은 〈그리움〉과 〈서러움〉과 〈상처〉와 같은, 화자의 절박한 마음자리에서 멀리 벗어나지도 못한다. 그는 〈푸르른 한 때 / 애인의 이름을 나무둥치에 새기며 / 소리 죽여 운 적이 있〉(「전각 · 2」)는 사람이다. 여기서 〈애인〉은, 「은어떼가 돌아올 때」와 「길 끝의 둥근 원」 등의 시에서 부재로 존재하는 〈은어〉와 함께, 시인의 삶과 세상을 뜻 깊게 하는 무엇이다. 그러나 지금 이들이 곁에 없다는 사실이 그에게는 바로 〈상처〉이며, 그를 서럽고 그립게 만드는 이유이다. 〈그 맑고 생생한 서러움〉(「꽃 터져 물 풀리자」), 〈서러움조차 잘 걸러내어〉(「세한도」), 〈몸의 상처론 환히 열리는 서러움들〉(「상처에 대하여」) 등 도처에서 발견되는 〈서러움〉은, 「상처에 대하여」, 「감골 차씨네 집의 등불」, 「백련사 동백숲길에서」 등의 시에서 보이는 〈상처〉와, 「감나무 그늘 아래」, 「구례구역의 사랑노래」, 「겨울 남한강 길」 등의 시에서 보이는 「그리움」과 함께 시인의 비극적 인식을 구성한다.

이처럼 고재종의 시에는 자연의 아름다움만을 기록한 듯이 보이는 시편들도, 사실 비극적인 마음과 태도를 숨기고 있는 수가 많다. 이를 굳이 말하자면 목월 쪽보다는 지훈 쪽에 가까울 것이라는 뜻이다. 그래서 자연은, 시인과 닮아서 상처와 그리움과 서러움을 지닌 존재로서 동료이자 위로자가 된다. 특히, 〈외로운 날, 느티나무의 너른 둥치에 기대면 / 나무는 제 가슴 열어 수만 상처를 보여주네 // 설레는 날, 강물에 나가 물수제비를 띄우면 / 강물은 몸 뒤채어 금은비늘떼 반짝여주네 // 서러운 날, 또 잿등에 올라 목이 메이면 / 하늘은 그 울음 쓸어 남빛 만리를 보여주고 // 그러나 또 가슴 애리도록 그리운 날엔 / 앞산도 제 능선 위로 멧비둘기떼 띄워주네〉(「自尊」)에서 이런 사정은 뚜렷하다. 나무의 위로 방식은 외로운 시인에게 제 몸속의 상처를 보여주거나, 서러운 시인에게 아름다운 풍광을 보여주는 것이다.

새 시집에서 따로 독자의 주의를 끄는 것은 육체적 사랑을 빗댄 낱말과 이들이 이룩하는 장면들이다. 이들 역시 자연의 두 갈래 의미에서 벗어난 것이 아니다. 〈볼이 달아오를 대로 올라선 / 그 능금알을 따는 처녀들과 / 그것을 한 광주리씩 들어올리는 / 먹구릿빛 팔뚝의 사내들〉(「능금밭 앞을 서성이다」)에서 보는 숨찬 인간들의 풍속과, 〈황홀한 교접에 빠진 그들〉(「二重舞의 꿈」) 등의 곤충들의 귀여운 짓은 건강한 음양의 세계를 가리킨다. 이에 비해, 〈불끈 솟은 만월이거니! 그것의 애액을 칠한 댓잎들〉(「보름밤, 그 어둡고 환한 月光曲」), 〈그대는 / 수밀도 같은 젖가슴 언저리거나 / 백설기빛 허벅지 속살이겠는지〉(「聯臂」). 〈아직도 시멘트 속에 못 가둔 / 그 날것의 음핵들〉(「상강 이야기」)과 같은 구절들은 더 구체적이고 직접적인 선정성을 드러낸다. 이는 비극적 세계관의 믿을 만한 알리

바이가 된다.

고재종은 자연을 노래하지만 그것만을 노래하는 것이 아니다. 보기에 따라 그의 관심은 오히려 사람에게 더 있는 듯한데, 이 〈사람〉은 대부분 시인 자신이다. 〈온다던 너는 끝내 오지 않〉(「마음의 홍시」)는 세상을 살아가야만 하는 외로움과 그리움과 회한은 그러므로 그의 새 시집 전체를 감싸고돈다. 다시 그의 시는 외로운 사람과 아름다운 자연의 대비가 각별한 세계이다.(2001)

글꾼은 어떻게 단련되는가

—유승도 시집 『작은 침묵을 위하여』

새로 좋은 시인을 만나는 일은 즐겁다. 세상의 일에는 대부분 처음이 있는 법. 오랜 동안 가까이 알고 지내, 애초에 이미 알고 있었던 것처럼 여겨지는 사람도 기억을 거슬러 올라가보면 낯설고 서먹서먹하게 그와 인사를 나누던, 도무지 그 만남이 장차 무엇을 뜻할지 모른 채 마주 서 있는 장면이 있는 것이다. 유승도 시인의 시는 인적이 드문 길을 여행하다가 동행을 만난 것처럼 반갑다. 그는 우리가 앞으로 특별히 기억해야 할 시인이 될 것 같다.

유승도 시인의 첫 시집 『작은 침묵을 위하여』를 읽으며 나는, 간단하게 말할 수 없지만 그러나 분명히 있는, 이를테면 글 쓰는 재간의 〈높이〉 비슷한 것을 확인한다. 한 사람의 〈글꾼〉은 어떻게 단련되는가. 어떻게 그 외롭고 숨 가쁜 시간을 견디어내고 결국 온전한 시인이 되는 것일까. 그 단련과 고통의 시간을 우리는 볼 수 없다. 그들은 어디선가 제 몫의 시간을 보내고 홀연 우리 앞에 나타난다. 그리고 대개의 경우 우리는 즉각 그들을 알아본다. 여기에 따로 만들어진 정답이나 지름길은 없다. 사물의 진실을 관통하는 지혜와 통찰을 가지게 되고, 이를 허례와 과장 없이 글로 써내는 안목과 수완을 갖게 되는 일의 신비를 다 알 수 있을까. 이것이 사람이 닿을 수 있는, 정신의 가장 높은 경지에서 벌어지는 일과 다르지 않다고 나는 믿는다.

말하자면, 시집의 첫머리에서, 〈바람 속에 내가 있었으므로 바람의 처음과 끝을 이야기하지 않았다〉(「침묵」)라고 말할 때, 또는 〈새들이 너를 부르듯 나도 너만의 이름을 부르고 싶다〉(「나의 새」)라고 말할 때, 또는 몇 장 넘겨 〈절벽은 골짜기와 숲, 저 하늘로 가는 길을 내게 이른다〉(「절벽 밑을 지나며」)라고 말할 때, 뒤이어 〈인간도 머리만큼 눈이 커져서, 생각만큼 보는 것도 자라나게 된다면 어찌 아니 좋을까 그 곤충은 필시, 생각하기보다는 바라볼 줄 아는 생물일 것이다〉(「곤충의 눈」)라고 말할 때, 한 시인의 성숙과정은 그 낱말들의 선택과 배치에 골고루 빠짐없이 엿보일 수밖에 없다. 이런 구절 자체만이라면 간단한 훈련과 모방으로도 이에 이를 수 있을 것이다. 그러나 정작 중요한 것은 이러한 부분을 밀어올리고 떠받치는, 앞뒤 옆에 있는 다른 낱말들의 힘임을 잊을 수 없다. 지리산이 지리산인 이유는 천황봉의 높이 때문이 아니다. 천황봉이 가볍게 정상이 될 수 있도록 그 저변을 높여온 수많은 봉우리들이 있어서 이윽고 지리산은 지리산이 되게 하는 것이다.

우리가 몸담고 있는 이 세계의 원리를 알아내는 가장 손쉬운 방법은 우리 곁에 지금 있는 〈바로 이것〉을 꼼꼼히 들여다보는 일이다. 이는 눈을 감고 견디는 명상보다도, 골방에서 터를 잡은 장구한 독서보다도 더 중요한 요령이며, 그들에 앞서 반드시 거쳐야 할 과정이다. 유승도 시인은 눈앞에 있는 〈바로 이것〉을 세심히 관찰하면서 시를 쓴다. 그는 그가 살고 있는, 자연에 아주 가까운 작은 마을을 걸어 다니면서 시를 쓴다. 그래서 그곳에 부는 바람과, 낮은 하늘을 날아가는 새, 길가의 작은 꽃들, 짐승들, 벌레들, 물고기들, 햇살, 계절, 시내, 산등성이 등이 소재가 된다. 이 소재의 목록만을 살피면 특별하지 않다고 말할 수도 있으리라. 그러나 사람들이 장구할 세월 동안 써온 시들에서 소재는 언제나 제한적이었다. 문제는 소재가 아니라 안목이며 통찰이다. 유승도의 시는 낡은 소재와 배경을 가지고 있지만 독자들에게 일으키는 감응은 낡아 있지 않다. 가령, 〈새벽 눈길을 걷는 사람은 새벽의 눈 같아야 아름답듯이 꽃길을 걷는 자는 꽃 같아야 아름답다 꽃길을 걸으면 꽃이 되고 눈길을 걸으면 눈이 되는 그런 인간이 되지 못하여, 나는 꽃잎이 으깨어지는 것과 거기에 내 발자국이 찍히는 것이나 염려하며 서 있었다〉(「1996, 봄의 끝에서」)와 같은 구절은, 시의 역사에서 가장 흔하다고 할 소재들이 다시 새로운 시인의 눈길과 손길에 의해 태어나는 길목을 보여준다. 그리고 독자의 마음을 흔드는 아름다운 서정시는 그 틈 어디에 숨어서 꽃핀다.

동으로 가는 구름을 보고 있자니 구름을 보고 있자니 그 위에 구름은 서로 흐르고 있습니다.

기층이 달라 서로 다른 길로 가는 것이겠거니 생각했지만, 그래도 퍽이나 애달픈 모양이었지요 구름이 구름을 붙들 수 없는 것이라고 마음을 다듬으며 다시 보아도 아름답게 보이지만은 않습니다

상심하여 한참을 보다보니 서로 가는 구름은 움직임이 없이 동으로 가는 구름을 보내고만 있음을 알 수 있었지요 상대를 보내준다는 것만으로도 자신과 상대는 서로 다른 길을 가게 된다는 것을 구름은 내게 보여주고 있었던 것입니다 그것이 영영 만날 수 없는 길이 될 수도 있다는 것을

보여주고 있었던 것이지요

—「동으로 가는 구름 위에 서 있는 구름」

이 정도 말하고 그치기는 어렵다. 유승도 시인의 재주는 무엇을 말하다가 마는 듯하면서도, 이로써 조금 더 말하는 것이다. 여운의 몫인가. 이와 같은 절제의 요령은 아무나 가지고 있는 것이 아니다. 이조차 그가 오래 준비하고 단련한 결과이리라. 같은 맥락에서 「의문」「집」「연민의 덫」「달, 구름 그리고 나」「가을」「소경」「겨울강」「심심산골 오두막」「큰 손」 등의 아름다운 시를 나는 따로 기억하고 싶다.

새로 만나는 시인에게, 우리가 예전에 만났던 시인들에게 자주 그랬듯이 환상을 만들어 덮지 말자. 우리는 그런 조작에 속은 적이 많다. 원흉은 언제나 환상을 원하고, 그 소원에 홀렸던 우리 자신이 아니었던가. 유승도 시인은 도시를 떠나 있다고 한다. 그러나 그뿐이다. 그 이상도 이하도 아니다. 환상이 깨어졌을 때 우리는, 환상을 만들었던 자신에게 분노하기는커녕 애꿎게 시인들에게 그 책임을 전가하지 않았던가.(1999)

환상의, 환멸의 투명인간

—강윤후 시

1.

내게 강윤후는 낯설지 않다. 사실 나는 강윤후를 한 번도 본 적이 없다. 「성북역」이라는 시를 쓴 강윤후는, 주민등록번호가 있는, 대한민국 인구 공식집계에 한 명을 더하는 〈사람〉이 아니다. 그러나 나는, 강헌국을 아주 잘 안다. 강헌국은 나와 10년째 알고 지내는데, 그는 강윤후와 아주 비슷하다고 알려져 있다. 강헌국은 자기가 강윤후라고 주장한다. 문학잡지에 실린 시인 강윤후의 사진은 강헌국을 찍은 것이다. 그래서 순진하게도 사람들은 그를 강윤후로 알고 있다. 그러나 나는 그를 강헌국이 아닌 다른 이름의 사람으로 여기는 일이 불가능하다. 이유는 말이 안 되지만, 아마 내가 사는 동안은 줄곧 그럴 것이다. 하여간 강헌국은 밥도 먹고, 그러다 체하기도 하고, 술도 먹고, 그러다 토하기도 하고, 시각을 정해 두지는 않지만 하루에 몇 번은 변소에 다녀야 하는, 기분 나쁠 때는 욕도 하는, 그리고 예비군 훈련도 받는, 우리 같은 사람이지만, 강윤후는 다르다. 강윤후는 시만 쓴다. 강윤후는 시만을 쓰기 위해 태어난, 특별한 용도의 인물이다. 그는 그래서 행복하면서도 불행한 사람일 것 같다. 강헌국의 전언에 의하면, 시를 쓸 때 강윤후는 무척 괴로워한다.

자신이 강윤후라고 말하는 강헌국은 체구는 크지 않지만 강단이 있고, 그의 얼굴은 윤곽이 뚜렷하다. 일찍이 중학생 시절 문학에 바람이 들어, 『학생중앙』 현상문예에 고등학생들과 나란히 습작소설이 입선되기도 했던 그는, 대학 국문과와 대학원 석사과정을 마칠 때까지 내내 장차 소설을 쓸 사람으로 소문이 나 있었다. 대학시절에는 학교신문에 문학평론이 당선되기도 했고, 대학원에서는 소설을 학문적으로 연구하는 교실 한자리에 앉아 왔지만, 그의 정체는 3년 전만 해도 여지없이 소설가 지망생이었다. 대학원이 요즘처럼 붐비지 않던 시절, 심심했던 나는 한 해 후배인 그와 자주 놀았다. 그러다가 비슷한 시기에 군역을 마치기 위해 학교를 떠나야 했는데, 그는 어디 바닷가를 지키는, 고생스럽고 위험한 곳을 자청해 근무했다. 그 묶인 시간 동안 그와 나는 무겁고 서글픈 글발을 주고받았는데, 거기에, 부족한 시간 틈틈이 무언가를 끄적거려 보면, 그게 시 비슷하다고 썼었다. 그 무렵의 편지는 그가 밤새 실탄이 든 총을 들고 지키는 이상스런 바다의 모습과 그 근처의 정경을 묘사하는 것으로 채워지곤 했는데, 그 말들이 별나게 이런해서, 비교적 편히게 군대생활을 하던 나는 동료들과 그의 진짜 군대 얘기를 기다려 읽곤 했다. 그 편지의 글들이 이미 시 아니었던지.

> 바다에 비 내리고 있어요. 뿌리를 드러낸 섬 세 개 혹은 네 개 그림자만을 남긴 채 사라지고 철거민처럼 몰려다니며 하염없는 날들을 풀어내던 바람은 여전히 무허가인 채로 불어와 빗방울들은 자꾸만 연안으로 밀리고 마을의 집들은 그 빗방울에 하나하나 갇힌 채 떠오르는군요. 어디를 둘러보아도

아직은 겨울이지만 오랜 동안 얼어서 굳은 채로 부딪히고 포개지기도 하면서 수많은 다른 순간들을 한꺼번에 보여주던 길 위의 발자국들도 이제는 천천히 녹아 풀리며 뒤늦게나마 부산하게 흩어져가고 있어요.

—1989년 2월 9일 바닷말에서 보낸 편지에서

그 후 그와 내가 무사히 서울로 돌아와 머리를 기르며 다시 만나게 되었을 때, 문득 그는 시인이 되었다. 그는 지금 꽤 주목받는 젊은 시인이며, 대학에서 시 쓰는 법을 가르치는 선생이다. 그를 생각하면, 나는 사람의 길이 우연과 필연의 갈피 없는 얽힘임을 절실하게 떠올리게 된다. 시를 쓰기 전, 시인이 되기 전, 불확실한 미래와 사랑의 일로 괴로워하던 그의 모습과, 시를 쓰고 시인이 된 후 그의 모습이 보여주는 선명한 대조는 내가 지나친 수많은 선택의 갈림길과, 장차 다가올 갈림길들에 대해 신비롭고 두려운 마음을 갖게 한다. 과연 우리는 무엇을 하며, 어떻게 죽어가기 위해 이렇게 태어나서 살아가고 있는 것일까. 내가 아는 한, 시인 강윤후를 낳은 것은 20대의 강헌국이 걸었던 방황과 실연이다. 그는 소설가가 될 수도 있었고, 평론가가 될 수도 있었고, 신문기자가 될 수도 있었고, 소설을 연구하는 교수가 될 수도 있었고, 또 광고회사에 다니는 월급쟁이가 될 수도 있었다. 불과 3년 전까지 아무도 그가 시인이 될 줄 몰랐다. 젊은 날 그의 사랑이 조금 더 순탄했거나, 그가 세상의 시험에 조금 더 영리하게 응대했거나, 군대를 조금 더 편하게 보냈더라면, 우리는 안타깝게도 그의 아름답고 영롱한 시를 영원히 볼 수 없었으리라. 그러나 이젠, 시와 무관한, 시인이 아닌 강헌국을, 또는 그의 미래를 생각하는 것은 가당치 않다.

2.

자신의 문제에 관한 한 더 입이 무겁고, 꿍심이 많은 그임을 고려할 때, 나는 그의 지나간, 가슴 아픈 사랑에 대해 소상히 아는 사람에 속할 것이다. 그가 시에서, 착잡한 마음으로 떠올리는 어떤 사람의 존재는 내게 구체적인 한 사람을 생각하게 한다. 이런 사정은 그의 시를 읽는 데 장애가 될 수도 있으나, 달리 도리가 없다. 아무튼 그는 〈성북역〉에서 특별한 한 사람을 기다린 적이 있는 모양이다. 그렇다고 다짜고짜 〈성북역〉이라고만 하면 어떻게 하나. 서울에 살아보지 않은 사람은, 또 80년대에 대학을 다니지 않은 사람은 성북역의 문화적인 의미를 모르거나, 잘못 짐작할 수 있다. 성북역은 서울 시내의 전철 역 이름이 아니다. 그곳은, 불쌍한 서울의 젊은이들이 떼거리로 서울을 떠나고 싶을 때, 내륙의 조용한 물과 울울한 숲과 웅혼한 산을 보고 싶을 때, 날을 잡아 원색의 옷을 챙겨 입고 재잘거리며 무조건 웃으며 모이던 곳이다. 대학시절 하룻밤의 토론과 편한 술자리를 위해, 그리고 한나절의 소풍을 위해, 춘천 가는 길 또는 서울 근교의 고만고만한 마을을 찾아 떠날 때 모이기로 하던 곳이다. 또 서울의 연인들이 아름다운 호반의 도시를 찾아갈 때 그 여행의 첫발을 딛는 곳이었기도 하다. 그는 아마 이 마지막의 이유로 성북역에서 특별한 누군가를 만나기로 한 것 같다.

> 오지 않는 너를 기다리다가

그는 〈오지 않는 너〉를 기다린다. 그리고 이 시가 끝날 때까지도 계속 기다린다. 시가 끝난 이후도 적어도 얼마간은 기다릴 것 같다. 그런데 모두 여섯 줄인 이 시의 가운데 네 행,

나는 알게 되었지
이미 네가
투명인간이 되어
곁에 서 있다는 것을

은 단순한 기다림의 반복인 이 시에 문제적인 허리를 이룬다. 기다림에 지쳐가는 그는, 참지 못하고 환상의 대안을 마련한다. 오지 않는, 또는 올 수 없는 사람의 허깨비를 만들어서, 그에게 기다림의 조바심과 짜증을 달랠 임무를 맡겼다. 허깨비 〈투명인간〉은 낭만적 사랑의 환상이다. 이렇게 하고 나면, 지켜지지 않고 있는 약속의 시간은 견고하고 안정된 기다림의 시간이 된다. 과장하면, 이 화사한 정경에 담긴 별것 아닌 사연이 한 불길한 생애의 알레고리가 된다. 〈오지 않는 너〉는 이젠 돌이킬 수 없는 불우한 사랑의 사람일 수 있는데, 그렇게 되면 그가 〈투명인간이 되어 곁에 서 있다〉고 믿는 것은 잃어버린 사랑에 대한 집착의 방식일 뿐이다. 그래서 현재형으로 쓰인 마지막 구절,

그래서 더불어 기다리기로 한다

는 과장해 해석한 알레고리의 구도 안에서는 의외로 심각하게 읽힌다. 〈투명인간〉은 그의 우울한 침묵의 사랑을 깨뜨리지 않은 채, 언제까지나 그를 서서 기다리게 할 것이다. 공연히 이렇게 과장해 놓고, 나는 그의 생애를 건 약속에 답답해한다. 그는 이제 기다림을 영원히 그만 둘 수 없을 것만 같다. 그는 스스로를 기다림의 미로 속에 가두었다. 가버린, 그래서 영영 〈오지 않는〉 사랑하는 사람,

〈너〉는 다른 어디에서 그를 자유로이 잊을 수도, 자유로이 기억할 수도 있겠지만, 남은 그는 투명인간 때문에 아무 일도 할 수 없다. 투명인간은 그가 만든 환영이므로, 그 환영의 필요를 제거하면 흔적이 사라질 것이다. 그러나 이 시의 현재, 그는 그 환영을 오히려 반기고 있으므로 필요를 의심할 여유가 없을 것이다. 집착은 인생을 망치는 난치의 속병이다. 기다리다 오지 않으면, 기다림을 거두어야 한다. 나는 지금 제풀에 흥분하고 있는 것인지도 모르겠다. 아무런 문면의 근거 없이, 한 편의 예술작품을 확실하지도 않은 사생활의 정보에 기대어 함부로 학대하고 있는 것인지도 모른다. 그러나 내 귀에는 지난 봄, 좋은 소식을 나누던 어느 날, 아무도 없는 벨로드롬의 고요한 관중석에서 그에게 들었던 말이 자꾸 웅웅거린다. 지독하고 완고한 집착의 말들이. 나는 그때 말해주었던가, 그 집착이 그를 불행하게 하리라고. 그가 말했던가, 알고 있다고, 상관없다고. 기왕 잘못 읽기 시작한 길, 하고 싶은 말을 마저 하자—투명인간과 더불어 〈오지 않는 너〉를 기다리지 마라, 평생을 기다리지 마라, 적이 없는 싸움을 하지 마라, 투명인간을 죽이고, 그 지옥 같은 〈성북역〉을, 경춘선 언저리를 떠나라. 그리고 이젠 떠남의 노래를 불러라. 저 젊은 날의 조지훈과 이형기, 또 마종기가 남긴 애절하고 의연한 떠남의 노래를 기억하자.

3.

시인은, 시정의 사랑에 필요한 재주와 술수, 또는 행운을 잘 타고난 사람이 분명히 아니다. 언젠가 그가 내게, 〈그래도 나는 형 같지는 않아〉라고 한 말을 기억하지만, 아무래도 그가 나보다 세간의 사랑에서 더 내세울 무엇이 있다고 믿어지지는 않는다. 말투나 몸짓이나 식견에서 10년 전과 다를 바 없이 철없고 유치한 나와, 그보다 조금만 덜한 그는 다 같이 나이 값을 못하고 있는 것이 틀림없다. 잘못 읽은 책에서 배운, 〈낭만적인 사랑〉의 이데올로기는, 사실, 이런 시를 쓰는 데만 조금 쓸 데가 있을 뿐, 우리의 삶을 한없이 위험스럽고 소모적인 벼랑으로 이끈다. 그래, 이 지긋지긋한 사랑에서, 〈낭만적 사랑〉에 대한 광신에서 벗어나자. 새해에는 내륙의 도시 한 가운데 있는 그의 외로운 아파트에 〈불투명한〉 어떤 사람이 그와 함께 자고 먹고 하게 되기를, 더 아무도 기다리지 않게 되기를 간절히 바란다. 남 걱정할 처지가 아닌 내가 이러는 데에 중대한 이유 있을 것임을 짐작하길. 아울러 새해에는 그가 튼튼한 한 권의 시집을 갖게 되기를, 그 핑계로 한 저녁의 즐거운 술자리 있기를.(1998)

숲을 그린 자화상

—정끝별 시집 『자작나무 내 인생』

1.

정끝별의 시집 『자작나무 내 인생』은 발랄한 박자를 지닌 노래로 가득 차 있다. 그의 언어는 상상력의 탄력으로 가볍게 튀어 오르며 쉽게 추적하거나 예측할 수 없는 궤적을 남긴다. 유년의 공간에서 현재까지 켜켜이 쌓인 시간의 단층은 시인의 발랄한 되새김에 의해 들추어진다. 습작한 기간이 오랜 시인의 첫 시집이 자주 그러하듯 그의 시집에도 길 찾기의 흔적이 많다. 그래서 재미있게 읽힌다. 아직 태어나지 않은 미래의 시를 위해 시인은 태교를 하고 있었던 것일까—그의 작품에는 아기를 가지는 행복한 꿈이 곳곳에 있다. 창작을 꿈꾸는 젊은 영혼이 섰던 수많은 갈림길, 거기서 겪은 방황과 망설임과 기웃거림은 이 시집에 다채로운 지향과 성취를 품은 작품들로 남았다. 이 시집 속을 흐르는 주제와 내용의 여러 물길들을 몇 갈래로 묶어 보면, 자연과 어울렸던 어린 날들의 기억, 성년을 보낸 도시 경험, 찬찬한 관찰과 상상이 돋보이는 일상 체험, 집안일에 대한 추억과 기록, 사물에서 촉발되는 내면세계 탐험 등이 특히 눈길을 끈다. 이들은 지금 1센티미터 안쪽의 거리에 종이로 쌓여 있지만 나는 그것들이 시인이 시를 공부하고 쓰며 살아온 여남은 해라는 짧지 않은 시간에 펼쳐진 소중한 내력임을 미루어본다.

나는 시인이 나무 또는 풀들 속으로 즐겨 뛰어든다는 사실을 우선 재미있게 생각했다. 물론 그의 시가 만든 여러 지층 가운데 얇은 한 층에 지나지 않을지도 모른다. 그가 나무와 풀들만을 소재로 삼은 시인은 아니라서, 내 편협한 입맛으로 가려 뽑은 시들이 오해를 사서는 안 되겠다. 그러나 수풀 근방의 시들이 이 시인의 속마음이 흐르는 방향을 잘 보여주고 있다고 나는 믿는다. 수풀 속에서 노래하는 사람은 시에서 언제나 혼자이며, 그래서 자신의 삶을 조용히 바라보고 있거나, 누군가의 눈길을 피하기도 하고, 그를 불러들이기도 한다. 숲으로 가는 사람들의 마음이 늘 한 가지일 수는 없을 것이다. 나는 숲으로 가는, 또는 숲 속에 머무는 어떤 사람의 속마음을 더 소상히 알고 싶다.

2.

> 비가 내리었네 / 온종일 오리처럼 앉아 숲 보네 / 그렇게 허름했던 사랑의 이파리 / 허물어진 졸참 가지에 / 넘어지며 나는 가고 있네 / 내 나이를 모르고 둥근 하늘 아래 / 잎이 피네 짐처럼 지네 / 잎이 진 나도 흙먼지 / 숲에 가득하네 세월의 붉은 새 / 나는 많이도 속이며 살았네 / 낡아 묻히면 방문치 않으리 아무도 / 꽃이 피리라 기약치 않으리 / 숲 기슭에 오리처럼 앉아 있네 / 비가 많이 내리네
>
> —「졸참나무 숲에 살았네」

시집의 맨 앞에 실려 있는 이 시는 의미 있는 자연의 정경을 보며 그것을 속마음의 풍경과 대조하는 몸짓을 보여주는 아름다운

작품이다. 시의 화자는 숲의 아름다움에 도취해 있는 것이 아니다. 그는 지금 비 내리는 졸참나무 숲을 보며, 또 자신의 생애를 돌아보며 생각에 잠겨 있는데, 그 일이 마냥 즐겁거나 밝은 것만은 아닌 듯하다. 그는 웅크리고 〈오리처럼 앉아〉 있다. 그 모습이 왠지 입술을 깨물며 골똘히 생각하고 있다고 읽게 한다. 비 맞는 졸참나무에는 어떤 가지가 꺾여 있기도 한 모양인데 화자는 그것을 보고 〈허름했던 사랑의 이파리〉가 매달려 있던 자리라고 생각하며 자신의 속마음의 모습과 맞추어본다. 화자의 마음속에도 사랑의 이파리는 지고 있다. 현실의 공간에서 비오는 숲을 바라보고 있는 화자의 눈앞에 이제 좀 더 섬세하게 손질된 상상의 그림이 떠오른다. 웅크리고 숲을 바라보고 있게 되기까지 화자의 지난날은 〈허물어진 졸참 가지에 넘어지며 가고 있〉는 모습으로 그려진다. 그 모습은 특정한 과거의 시간을 지시하는 것이 아니라서 〈내 나이는 모르〉며, 거의 동시에 잎이 피고 지는 모습을 보여주는 압축된 시간이 있으며, 이 시간의 덩어리를 추억하는 화자는 전 생애를 돌아보고 있다. 지금까지 삶은 〈나는 많이도 속이며 살았네〉라는 한 줄로 간명히 표현된다. 여기서 속임의 대상은 다른 누구보다도 먼저 자기 자신일 것이다. 비 내리는 숲에서 화자의 마음속에 하나의 단위로 잡히는 생애의 윤곽은 이렇게 어둡고 쓸쓸하다. 시인의 속마음을 바깥의 풍경에 비추어 아름답게 드러낸 이 시는, 시인에게 숲이 차지하는 의미를 미루어볼 하나의 실마리를 제공한다. 그에게 숲은, 때로 속마음의 형편을 대신 보여주는 가시적 그림의 역할을 하기도 하는 것이다. 다음의 구절도 비슷하다.

> 무성히 푸르렀던 적도 있다.

지친 산보 끝 내 몸 숨겨
어지럽던 피로 식혀주던 제법 깊은 숲
그럴듯한 열매나 꽃도 선사하지 못해, 늘
하얗게 서 미안해하던 내 자주 방문했던 그늘
한순간 이별 직전의 침묵처럼 무겁기도 하다.

—「기억은 자작나무와 같아 1」에서

앞서 살핀 시가 바깥 세계의 풍경인 숲과 화자의 속마음을 바로 동일시한 경우라면 이 시에서 숲과 화자는 화해로운 관계를 유지하는 대타적 동지의 관계를 보여준다. 역시 이 시에서도 현재의 숲이 넉넉하고 푸근한 모습을 보여주고 있지는 않으나, 화자의 기억 속에서 숲은 언제나 훌륭한 위로자이며 후원자의 모습으로 떠오른다. 자작나무 숲은 자랑스런 열매나 향기로운 꽃을 보여주지는 못했지만 화자의 몸을 숨겨주고 피로를 식혀 줄 수 있을 만큼 깊고 넉넉했다. 이 시에서 숲은 그러나 단순한 동일시에서 나아가, 화자가 〈숨는 곳〉의 역할을 슬쩍 보여주고 있다. 일반적으로 시에서 숲은 흔히 완상의 대상이 되지만, 더 구체적으로는 이 시에서처럼 위로의 공간, 더 나아가 〈피신의 공간〉이기도 하다. 다음의 구절은 어떤가.

헐겁게 떠나는 구름
나 인질이었으면
이 춤 속 풍경의 숲에서

—「빈숲」에서

구름이 자유로운 하늘 아래 숲이 있다. 숲이 〈춤 속 풍경〉이라고 한 것은 아마 보기 좋을 정도로 바람에 흔들리고 있는 모습을 때문일 것이다. 이 장면에서 화자는 숲의 인질이었으면 하고 바란다. 숲의 인질이 되는 일은 그에게 무엇을 주고 무엇을 빼앗는 것일까. 그는 숲을 나서기가 싫다. 숲 바깥의 삶은 숲 속에 갇히는 것보다 즐겁지 않기 때문일 것이다. 누구의 인질 되는 것은 그에게 자유를 맡기는 것인데, 자유가 더 이상 매력을 갖지 못한다면 괴로운 거래는 아닐 것이다. 때로 우리는 자유보다 구속을 꿈꾸기도 하며, 더러 그 일을 실행하기도 한다. 사랑 앞에서 그렇다.

> 겁많은 여자의 영혼은 거대한 포도밭 / 나는 / 아무도 거닐지 않는 / 내 황량한 포도밭 언저리를 오가며 / 적당한 기다림을 베푸는 하고많은 당신과 / 노래가 되지 않는 하오와 / 비바람을 기다리고 있었다 // 다시 봄이 무르익고 / 포도나무 잎새 그늘 / 포도나무 뿌리, 더 땅 속 깊이에서 / 홀홀 단신 출렁이는 / 내 사랑은 보이지 않아 / 그렇게 걷잡을 수 없이 뻗어가 / 그 길로 단맛 드는 하체 / 포도처럼 부서지며 기다림도 / 둥글게 향기가 되는 희망 // 포도향기는 가벼워 유혹처럼 휘날린다 / 나는 / 어제도 여기에 오늘처럼 있었다 / 가시덤불 덮인 내 울타리 너머 / 당신은 무심한 잠을 자고 / 당신을 기다릴 때마다 / 고압의 푸른 넝쿨로 / 출렁이는 여기 이 황량한 포도밭
>
> —「새지 않는 영혼이 어디 있겠어요」

이 시는 아름다운 서경적 착상으로 쓰인 아름다운 작품이다. 역시 별로 넉넉하거나 풍요롭지 않은 숲으로서 거대한 포도밭은 화자의 마음 속 공간을 대신한다. 그는 스스로를 〈겁많은 여자〉라고 생각하는 사람이다. 이 표현은 〈당신〉이 베푸는 〈적당한 기다림〉을

소극적으로 수용할 수밖에 없는 성격을 가리키는 것이리라. 어쨌든 그의 포도밭을 거니는 사람은 없고 비는 오지 않아 황량하다. 아직 제 철을 아니어서 그렇다 드디어 햇살이 뜨거운 계절이 와 포도나무는 잎새와 뿌리를 뻗어 무엇인가를 준비한다. 그러나 겁이 많은 여자의 사랑은 〈땅 속 깊이〉에 있어 〈보이지 않〉는다고 한다. 그 숨은 사랑이 꿈꾸는 것이 바로 포도 열매인데 그것은 〈하체〉의 단맛을 가득 준비하고 있다. 정끝별은 둥근 것을 좋아한다. 맨 앞에 읽은 시에서 이미 그는 하늘이 둥글다고 한 바 있는데 이 시에서는 희망이 둥글게 향기가 된다고 한다. 여기서 둥근 향기가 되는 희망은 익어 가는 포도의 모양과 같다. 포도는 이제 다 익어 향기를 〈유혹처럼 휘날린다〉. 그런데 숨은 기다림의 대상은 울타리 너머에서 무심히 낮잠을 자고 있다. 그들 사이에는 쉽게 넘을 수 없는 〈가시덤불〉이라는 장애물이 있고, 게다가 한쪽의 무관심이 있다. 그들은 쉽게 회복될 수 없을 만큼 단절되어 있다. 그래서 포도밭으로 비유된 화자의 속마음은 사랑할 준비를 다 마쳤음에도 불구하고 여전히 황량하다.

3.

숲 속에 서 있는 사람의 모습은 아름답다. 그것은 사람이 최초로 자연 속에 선 날의 감회를 상기하게 한다. 그때 사람은 늘 숲 속에서 있었지만 이제 숲 속에 서기 위해 여행을 해야 한다. 시인은 그러나 길고 먼 여행을 하지 않고도 쉽게 숲 속에 선다. 그리고 그가 지난 시간에 경험한 다채로운 색깔들로 그 숲을 아름답게 물들인다. 정끝별 시인이 새 시집에서 보여준 몇 편의 풍경화는 의미 있고 보기 좋은 숲을 담고 있다. 여기서 보기 좋다는 말은 단순히 아름답거나 화려하다는 뜻이 아니다. 때로 어수선하고 황량

할 때도 있지만 그 숲 어딘가에는 풍요의 기억 또는 계획이 숨겨져 있다. 그래서 비록 시의 현재는 그렇지 않더라도 궁극의 의미에서 그 숲은 〈보기 좋은〉 것이라 말할 수 있다. 아무튼 정끝별 시인이 보여주는 숲의 풍경화는 때로 그의 속마음을 드러낸 추상화처럼 보이기도 하고 다르게는 자화상처럼 보이기도 한다. 둘의 공통점은 아름답다는 것이다.(1998)

쓸쓸함과 그리움의 진정성

—강연호의 시

1. 표정을 닮은 시

강연호의 언어는 유장하고 섬세하다. 그리고 그 뜻은 애틋하게 가슴 저민다. 그의 시와 실제 그의 표정은 닮았다. 표정을 기억하며 시를 읽으면, 쓸쓸함과 그리움이 결코 등 돌릴 수 없는 삶의 진실임을, 적어도 그 하나임을 실감할 수 있다. 그래서 쓸쓸함의 시는 홀로 아름답고 그리움의 표정은 홀로 빛날 수 있는 것을. 그렇구나. 우리 삶은 마침내 조금은 쓸쓸하며 그리운 무엇이고, 쓸쓸함과 그리움은 서로에게 기대고 있다. 이것이 강연호 시와 표정의 속뜻이라면 나는 고스란히 동의한다.

강연호의 시는 육성으로 들어볼 필요가 있다. 그는 낭송에 특별한 재주를 가진, 보기 드문 시인이다. 그를 만나 노을을 보며 나란히 선다면, 또는 그 비슷한 빛깔의 촛불을 켜고 마주 앉게 된다면 반드시 그의 낭송을 청하기 바란다. 일독一讀에 더하여 일청一聽을 간곡히 권한다.

2. 아름다운 그리움

강연호를 안 지 열다섯 해. 대낮의 교정이 고함과 군화소리로, 저녁의 주점이 논쟁과 울음으로 어수선하던 시절 우리는 주위의 차가운 눈을 의식하며 서정시를 읽고 썼다. 그는 항상 선택의 방향이 뚜렷한 편이었고 진작부터 소문난 동업자 중 가장 세련된 시를 쓰는 〈시인〉이었다. 아무도 그가 평생 시를 쓰리라는 것을 의심하지 않았다. 그러나 무슨 영문인지 세상은 그에게 서른 살까지 습작만 하도록 했다. 하마터면 소중한 시인을 놓칠 뻔했다. 분명히 무슨 까닭이 있으리라.

그는 말이 적지만 시는 다르다. 속마음을 시로 보이는 것일까. 문학적으로, 개인적으로 어려운 시간을 통과해온 그의 삶을 조금 아는 나는 시에 배어나는 쓸쓸함과 그리움이 조금도 과장이나 감상이 아님을 안다. 그의 시는 쓸쓸함과 그리움이 스스로 아름다울 뿐 아니라, 삶의 진상이며 활력이라 속삭인다. 나는 설득된다. 그의 노래와 시낭송을 듣고 싶다.(1996)

한 사람의 사랑, 한 나라의 슬픔

—마종기 시집 『그 나라 하늘빛』

1.

마종기의 새 시집 『그 나라 하늘빛』은 낯선 나라에서 일어난 일상 이야기를 낯설지 않게 전한다. 여전히 그는 외지에서 살고 있으며, 이 시집에 실린 대부분의 시는 그곳 삶의 기록이지만, 정서의 연원과 지향을 이 땅에 두고 있기 때문에 그리 낯설지 않다. 우리는 그의 시를 읽으며 상상 속에서 우리의 다른 모습을 비추어본다.

시인이 어떤 이력을 가진 사람인지를 알지 못해도 시들을 찬찬히 읽어보면, 그가 어떤 사람이며 무엇을 가치 있게 생각하며 살아가는 사람인지를 짐작할 수 있다. 이는 마종기 시가 보여주는 색다른 말하기의 방식에서 말미암는다. 그의 시가 마련하는 대화의 공간은 항상 친밀한 지인知人과 어울린 일상의 터이다. 그래서 그는 세상에서 가장 편안한 사람 앞에서 세상에서 가장 편안한 마음으로 자신의 이야기를 한다. 꾸밈없음과 솔직함은 마종기의 시 쓰기 태도이다. 그래서 우리는 그의 시를 읽으며, 우리를 가장 깊이 믿는 어떤 사람의 고백을 듣는다고 느낀다. 이를테면 〈언젠가 나도 그런 바다를 본 적이 있다〉(「다시 만나기」), 〈나도 당신처럼 젖은 적이 있었다〉(「중

년中年의 질병疾病」)와 같은 너그러운 동의와 호의 속에 시인과 독자의 대화는 화해롭게 유지된다.

마종기의 언어와 심상들은 가라앉아 있다. 그들은 물속에서 복잡한 유영 또는 여행을 겪은 후 그 무게로 오래고 먼 하강을 거듭해 이제 정신의 가장 아래에 침전해 있다. 그들은 조용히 멎어 있는 듯이 보이지만, 지나온 활발한 운동의 경험을 머금고 있어 빛나고 너그럽고 아름답다. 엄밀하게 보아 젊은 날 그가 썼던 시들이 보여준, 열광의 경험은 세월이 흐름에 따라 시간적 거리가 다소 멀어지고, 이제 연륜이 장만한 균형이 그 빈터에 채운다.

2.

마종기의 새로운 시편들은 이전 그의 시들이 이룩한 성취를 바탕으로 더 넉넉한 지형을 열어간다. 익숙한 소재인 사랑을 다루는 시편, 「꽃의 이유」에서는,

> 꽃이 피는 이유를
> 전에는 몰랐다.
> 꽃이 필적마다 꽃나무 전체가
> 작게 떠는 것도 몰랐다.
>
> 사랑해본 적이 있는가,
> 누가 물어보면 어쩔까.
>
> 꽃이 지는 이유도
> 전에는 몰랐다.

꽃이 질 적마다 나무 주위에는
잠에서 깨어나는
물 젖은 바람 소리.

와 같은 객관적 거리를 보여준다. 〈꽃〉은 간단한 비유의 우회로를 거쳐 〈사랑〉과 만나고 있다. 그렇지만 시인의 주관적 경험은 제어되고, 객관적 상관물 또는 비유의 매개인 〈꽃〉이 시의 중심에 자리잡아 스스로 작은 세계를 드러낸다. 즉 〈이러저러한 사랑은 꽃과 같다〉라는 진술이 젊은 마종기의 발언 방식이라면, 〈이러저러한 꽃은 사랑과 같다〉라는 진술은, 지명知命에 이른 마종기의 발언 방식이다. 그러나 사랑이 〈물 젖은 바람 소리〉로 마감되는 슬픈 성격의 것임은, 진술 방식의 차이에도 불구하고 마종기의 정서가 여전함을 증명한다. 어쨌든 이러한 〈시선 늘이기〉는 사물을 시의 전면에 부각함으로써 효과적인 기제로 자리 잡는 듯하다. 난, 나무, 돌, 멸치, 구름, 갈대, 새, 바다, 산, 비 등의 사물은 이제 격정에 싸인 내면의 동력을 적절히 객관화하여 세계와 자아의 벽을 허문다.

「갈대의 피」에서 시인은 삶과 죽음이 하나로 어울리는 〈갈대〉의 모습을 조화롭고 아름답게 보고 있다. 시인의 표현에 따르면 갈대들의 생태는 목숨에 연연해하지 않고 〈한눈만 팔〉고 살아가며 〈몸에서 떨어져 나가는 것 다 가게〉하면서도 〈손 흔들어 보내면서 웃〉을 수 있을 정도로 넉넉하다. 그러나 이러한 태도가 세월의 흐름 앞에서 어쩔 수 없게 닿은 소극적 시인是認이 아님을 이 시의 마지막 연의,

아끼기 때문에 말도 하지 못하고
팔목 한번, 어깨 한번 만지지도 않는구나.

만지고 싶어라, 날아가는 흰 갈대꽃!
매일 흘리는 피도 아무에게 보이지 않네.

라는 구절이 적절히 보여준다. 순수하고 고결한 사랑을 향한 동의와 신뢰, 그리고 그 사랑이 낳는 회한과 인고는 젊은 마종기의 시에서 자주 본 주제이지만, 우리가 지금 읽고 있는 시집에 이르러 그 사랑은 삶과 죽음의 일체적 이해 속에서 역사를 꾸미는 소박한 매재媒材가 된다. 이제 망설임 속 사랑은 겨레에 대한 사랑, 혈연에 대한 사랑으로 자란다. 물론 이 역시 〈매일 흘리는 피〉와 같은 인고와 희생을 요구하지만, 더 넓은 인식의 지평으로 나아가, 연시들이 가진 애틋한 서정의 미덕이 덜어진 자리를 도덕과 윤리 미덕이 채운다. 나는 다른 글(「기억의 지도」, 『기억의 지도』, 하늘연못, 1998)에서 젊은 마종기의 연시들이 지닌 회한과 연민에 각별히 공명함을 밝힌 바 있지만, 그와 같은 정서가 한 시인의 편력에 변함없이 지속되어야 한다고 고집할 뜻은 없다. 시의 미덕은 삶의 미덕만큼 다기하다. 지명의 마종기가 보여주는 시의 미덕은 연륜에 걸맞은 변화를 전제로 한 것이어서 새롭게 돋보인다. 이제 마종기가 꿈꾸는 만남은,

구름이 구름을 만나면
큰 소리를 내듯이
아, 하고 나도 모르게 소리치면서
그렇게 만나고 싶다, 당신을.

구름이 구름을 갑자기 만날 때
환한 불을 일시에 켜듯이

나도 당신을 만나서
잃어버린 내 길을 찾고 싶다.

비가 부르는 노래의 높고 낮음을
나는 같이 따라 부를 수가 없지만
비는 비끼리 만나야 서로 젖는다고
당신은 눈부시게 내게 알려준다.

—「비 오는 날」

처럼 자연의 섭리와 보기 좋게 어울린다. 큰 구름들이 하늘에서 만난 반가움은 우레와 번개로, 그 기쁨의 노래가 〈빗소리〉로 드러난다고 시인은 생각한다. 이처럼 놀랍고 자신만만한 만남은 서로의 잃어버린 〈길〉을 찾아주고 끝 두 연에서처럼 세상의 이법을 일깨운다.

3.

마종기는 미국에 살며 한국말로 시를 쓴다. 한국말 시의 궁극적 관심이 고국으로 이어지는 일은 당연하다. 슬픈 사랑, 아버지, 전쟁 등의 기억은, 외지에 살며 그가 겪는 외로움의 연원으로서 고국이라는 거대한 덩어리 속에 있었다. 이러한 면모는 새 시집에서도 이어지고 있다. 특히 「빈센트의 추억」은 현재 그가 몸담고 있는 사회에서도 이 〈고국〉의 문제가 나날의 구체적 삶과 유리된 것이 아님을 소상히 알려준다. 이번 시집에서는 드물게 복잡한 기술적 창작의 흔적을 보이는 이 시는 〈빈센트〉라는 이름이 환기하는 두 가지 삽화를 병치하고 있다. 하나는 네덜란드의 저명한 화가 빈센트 반 고흐의, 예술가로서 고통스럽고 빈궁한 삶인데,

내 몸의 창문은
모두 얼어붙어서
그리운 풍경은 보이지 않고
어둡고 습기찬 길마저
움직이지 않는구나.

극진한 사랑은, 아마,
사람의 추위 속에서
완성된다.

와 같은 고난의 이미지로 선명히 형상된다. 다른 하나는 인종적 편견으로 무참히 살해된 중국인 빈센트의 일이다. 그는 〈난데없이 내려치는 백인의 몽둥이에 머리가 으깨져 죽었다〉. 범인은 자신의 실직이 동양의 자동차가 수입되었기 때문이라고 여겨 술김에 살인을 저질렀는데, 결국 징역 2년형을 받은 얼마 후 무죄 석방되었다고 한다. 그 부당함을 항의하는 동양인의 데모에 시인도 참가하였다. 연작 세 번째 시에서 화가 빈센트와 중국인 빈센트는,

누가 오래된 빈센트를 죽였나.
(테오야, 궁색하게 남의 나라에 와 살면서 공연히 억울해 하는 내가 우습지? 누가 미국에서 살라고 했냐고 말해주고 싶지? 그래, 네 말이 다 맞다. 그러나 너도 한번 뒤돌아보아라. 피부색보다 더 현한 정치색이 다르다고, 아직도 사람이 사람을 패서 죽이고 있다. 물통에 머리도 쑤셔박고 있다.)

와 같은 구절에서 시인의 입을 빌어 하나의 목소리로 만난다. 연작 네 번째 시에서는,

> 테오야, 나는 완전한 자유인이고 싶었다.
> 그래서 나는 젊은 날에 길을 떠났다.
> 자유인은 외로울 수밖에 없는 것을 알았다.
> 자유의 이름을 부를 때 나는 혼자였다.

와 같은, 제3의 빈센트 마종기의 해명이 고호인 빈센트의 입을 빌어 드러난다. 마종기의 경우 자유인이 되기 위한 여행의 결과는 성공적이지 않다. 그는 자유로워지지 못했다. 자유인은 외로울 수밖에 없을지 모르지만, 완전한 자유인에게 외로움은 고통이 아니어야 한다. 시를 통해 알 수 있는 마종기의 외로움은 분명 고통스러운 것이어서 자유인의 외로움과 구별된다. 다른 시 「自由主義者」에서 마종기는,

> 그리고 완전무결한 자유의 추위와 배고픔으로 겨울의 어느 들판에서 얼어 죽었다. 나도 한때는 거기서 얼어 죽고 싶었다.

라고 말하기도 한다. 〈한때〉 그는 영화의 주인공과 같은 〈자유〉를 동경했다고 한다. 그러나 평상시 그는 그러한 〈자유〉에 동의하지 않는다. 그러한 종류의 자유가 마종기를 외지에서 살아가게 하는 일관된 동인이라면, 그는 한국어로 시를 쓰고 발표하지 않는 편이 좋았을 것이다. 우리에게 그러한 자유가 사치스럽다는 서평자의 생각은 소견의 좁음 때문일까? 어쨌든 세월이 흘러도 쉽게 가시지

않는 마종기의 외로움은 〈자유〉를 선택할 수 없게 만드는 그의 심정적 특성과 관련이 있다. 그가 〈그 나라의 하늘빛〉을 잊을 수 없는 한, 완전한 자유를 얻을 수 없을 것이며, 궁극적으로 그는 행복해질 수 없다. 「그 나라 하늘빛」의 결연,

> 한 나라의 슬픔도 문을 열면 들린다.
> 한 사람의 사랑도 문을 열면 보인다.
> 우리들의 부끄럽고 아득한 길을 다 열면
> 그 길 끝나는 곳에서 그 나라의 하늘빛이.

은 그의 삶과 그의 나라가 얼마나 완강하게 맺어져 있는지를 시사한다. 그는 병적 민족주의자인가? 누구는 그렇다고 말할지도 모른다. 어떻게 〈한 사람의 사랑〉과 〈한 나라의 슬픔〉이 병치될 수 있는가라고 의심할 것이다. 그러나 마종기가 발표한 시편들은 그 전모의 윤곽 속에서 그러한 의문을 다 풀어준다.

4.

시집 뒤표지에 실린 산문에서 마종기가 밝히고 있듯이, 마종기의 정신적 지향은 평등과 자유이다. 그의 평등과 자유는 현학의 구조 속에 있지 않고 일상의 생각과 대화 속에 녹아 있다. 그것들은 느닷없는 지식이나 합리적 판단에서 말미암은 것이 아니고, 오랫동안 개인의 내면에서 익은, 고통스럽게 자신의 경험과 시행착오를 통해서 그리고 자신의 벗어날 수 없는 심정적 회로를 들여다보며 형성된 것이다.

새 시집에서도 여전히 그의 관심은 일상적 삶의 구획된 반경

속을 고르고 자상하게 쓰다듬는다. 그의 시선은 때로는 단단하고 큰 물건들에 머물기도 하고(「우리나라의 등대」), 부드럽고 작은 물건들에 머물기도(「아내의 잠」) 한다. 가끔 그가 독자와 공유하는 공간을 삽입(「일시귀국」, 「영희네 집」)하지 않더라도, 나는 그가 우리와 가까이 있음을 느낀다.(1992)

삶의 시, 아니면 사물의 시

—마종기 시

독자가, 시인이 아직 쓰지 않은 시를 넘겨짚을 수 있을까. 그저 소망과 기대가 있을 뿐이다. 시의 길에서 시인은 늘 앞장을 서야 한다. 독자는 물론 평론가들조차 앞장을 서거나 길을 고를 권리는 없다. 오히려 그것은 위험스럽기조차 하다. 굳이 하더라도 가벼운 이야기꺼리 이상의 뜻은 없으리라. 부디 이글이 삼가고 조심스럽기를.

시를 위해서라면 마종기는 빨리 귀국하는 편이 좋다. 마종기의 시세계에 깊은 흉터라 할 시간과 공간의 불연속면은 다시 이어지는 것이 좋을 법하기 때문이다. 고국의 지면에 발표되는 그의 시들은 기억 속에 고착된 청년기 이전의 경험이거나, 지금도 교분을 유지하고 있는 소수의 동무들, 그리고 가끔 일시귀국해서 본 고국의 단편적 풍물을 소재로 한다. 이국에서 생활하는 그의 일상은 특별한 경우를 제외하고는 그의 시에 배어들지 못하고 있다. 마종기처럼 일상의 일들을 포착하는 미세한 더듬이를 가진 시인이 현재 그의 생활공간을 이처럼 배제하는 모습은 자연스럽지 못하다. 그렇다고 살색이 다르고 체취가 다른 동무들의 이야기, 그들과 섞여 사는 사연을 굳이 고국의 독자들에게 시로 읽히고 싶어 하지 않는 심정을 이해

못할 것도 없다. 이것이 그의 딜레마이다. 그래서 그는 이젠 익숙해졌을 이국생활의 편린을 시로 쓸 때 그가 늘 만나는 동포를 등장시키는데 그들이 그의 가족이다. 아니면 최근 그의 시가 두드러지게 기울고 있는 사물과 자연에 대한 관심일 뿐이다. 이제 그는 과거의 고국생활, 몇몇 고국 친구, 드문 고국여행, 가족 그리고 자연과 사물들을 소재로 시를 쓴다. 이국생활을 계속할 경우 공간의 상이를 넘어 공감할 만한 소재인 자연과 사물을 소재로 한 시에 시인의 관심이 더해질 것이며, 삶의 이야기는 한층 더 협소한 범주 속에 움츠려 들게 되지 않을까 생각한다.

마종기 시는 기법에서 모더니스트에 가깝다. 그가 더 넓은 층위에서 삶의 시를 배제해 갈 때, 그래서 자연과 사물에 대한 관심에 경도될 때 그는 매우 세련된 모더니즘 시를 생산하게 될 것이다. 그러나 나는 개인적으로 삶의 이야기를 선호한다. 과장하여 말하자면 삶의 시에 관한 한—고국의 지면에 발표될, 그래서 한글로 쓰이는 것을 전제로 했을 때, 그의 질료는 고갈되었는지도 모른다. 그 충전에 삶의 터전을 본원적인 것으로 되돌리는 길 밖에 달리 방도가 있을지 모르겠다.

우리는 이제 통일이 눈앞에 와 있음을 느낀다. 그것이 잡힐 기미를 전혀 보이지 않을 때 우리는 눈시울을 붉히면서 소망하고 기다렸지만, 흥정거리가 되고 절차가 논란이 되는 지금 그것은 지극히 형식적이고 사무적인 뉴스가 되고 있을 뿐이다. 역시 시간과 현실감각은 무섭다. 통일이 몽상가 또는 낭만주의자의 손에서 행정가의 손으로 넘겨진 오늘, 마종기의 시에 무게를 더하던 〈우국시〉는 점점 시의성을 덜해 갈 수 밖에 없어 보인다. 서글프게도, 대의를 생각하는 이들이 하나의 손길로 합의하는 하나의 목표는 더 이상 우리 사회에 없다. 그러므로 이 판 속에서 복잡다단, 변화무쌍한 현장 감각 없이 멀리서 고국을 걱정하는 안목은 효용을 상실할 것이다.

나는 마종기가 이역만리에서 자연과 사물, 그리고 소수의 동족 즉 가족이나 고국의 동무를 소재로 연륜에 걸맞은 여유작작한 시를 쓰게 되기를 원하지 않는다. 그가 귀국을 택하지 않는다면 필연 그렇게 될 것이다. 나는 그가, 모국어가 살아 숨 쉬는 겨레의 밀림에 돌아와 함께 사냥하고, 눅눅하든 상쾌하든 같은 공기를 마시며 지금까지 그가 써온 것 이상 질량의 성취를 이룩하기를 바란다. 그것은 진정한 삶의 시가 될 것이다.

그가 서울 근교에 아담한 병원을 차리고, 1962년 코스모스들에게 한 묵은 약속을 지키게 될 날을 기다린다.

> 1962년인가, 가을이었긴 하지만
> 경기도 고양군 손에 가득한 햇볕.
> 그 관사 앞에 핀 코스모스들에게
> 그해에 내가 약속한 게 있지.
> 졸업하면 나도 이 근처에 와서
> 배운 재주로 꽃잎이라도 갈아
> 병난 아이들 돌보고 노래나 부르고,

—「約束」에서

(1992)

2

시집들

삶을 사랑하는 시인들

—김혜선 시집 『달팽이는 제 그림자를 지우지 않는다』,
복효근 시집 『버마재비 사랑』,
안도현 시집 『그리운 여우』

1. 사진관과 시인

전주에서 자고 먹고 한 지 한 해가 조금 넘었다. 이 도시의 서쪽과 남쪽 지리에는 이제 꽤 익숙하다. 다른 운전자들이 사려 깊고 참을성 있는 사람임에 틀림없으리라고 믿고 나서는 전주식 차 몰기에도 많이 적응했고, 가볼 만한 식당도 여럿 소개받아 옛 친구가 찾아와도 고민하지 않는다. 이 도시는 적당히 커서 한 해 남짓 살아도 웬만큼 머릿속에 그림을 그릴 만하고, 한 십 년 살면 속속들이 알게 될지도 모른다는 자신감이 생긴다. 내가 살아본 도시 가운데 조용하기로는 청주가 으뜸이었는데, 그곳의 적막과는 또 다른 조용함이 전주에 있다. 어디선가 파도소리가 들려오는듯한 조용함이다. 이 신비로운 파도소리는 부산처럼 사람을 부대끼게 하지 않고 동해안처럼 지루하지도 않다. 이 없는 듯 있는 파도소리의 정체는 무엇일까. 아직은 모르겠다. 한 시간 반이면 대단한 산에 갈 수 있고 대단한 바닷가에도 갈 수 있는데 이는 저 지겨운 북쪽 큰 도시에서 내가 매일 일터에 가는 데 허비했던 시간과 같다. 벌써 이 도시는 이미 나에게 소중한 많은 것을 주었고, 좋은 예감을 갖게 한다. 여기서 나는 직장을 얻었고, 잃었던 친구를 다시 만났고, 다정하고 생각 깊은 많은 사람들을 새로 만났다.

건방진 소리일지 모르지만, 적어도 내가 아는 한 이 도시에는 두 가지가 많다. 그 하나는 사진관이다. 상가가 밀집된 지역에는 한 건물에 하나 꼴로 사진관이 있었다. 가본 도시 가운데 전주 아닌 어느 곳도 그렇지 않았다. 오래 살기 위해 전주에 온 첫날 박힌 생각인데 그때 나는 딱히 사진관을 찾고 있지도 않았다. 참으로 특이하다. 이곳을 훨씬 잘 아는 사람 몇에게 말했더니 그런 소리 처음 듣는다고 한다. 전주 사람들이 사진 찍기를 특히 좋아하는가. 안타깝게 흘러가는 세월을 곁에 두는 최선의 방책이 사진으로 새기는 일뿐이라고 생각하는, 나 같은 사람이 많아서 그런가.

또 하나는 글 쓰는 사람의 수이다. 내 직업 때문이기도 하겠지만 직장 밖에서 만난 사람들의 8할은 글 쓰는 사람들이었다. 그 8할은 다시 시 쓰는 사람들이었다. 그전에 나는 글 쓰는 사람이 많은 도시로 대구를 알고 있었다. 여러 해 전 가까운 사람들과 대구에 간 적이 있었는데 큰 가게 가득 시인들이 있었다. 그중 몇 분과 하루 밤 이틀 낮을 꼬박 놀았는데, 그 후로 가끔 대구에 들르면 사람들이 모두 시인처럼 보였다. 그분들 가운데는 치과 선생도 있었고 주사 양반도 있었고 기자 선생도 있었다. 전주도 그에 덜하지 않다. 학교 선생이 압도적으로 많다는 것이 다르지만. 그리고 순전히 나의 글 읽는 취향 때문이겠으나, 이곳에 말의 묘미보다는 삶의 건강함에 무게를 두는 시인이 더 많다는 사실이 나를 편안하고 즐겁게 한다. 그들 대부분은 이 도시에 내가 발을 들여놓기 전부터 호감을 가졌던 사람들이다. 편견일 테지만, 도대체 시인이 많다는 사실과 사진관이 많다는 사실은 무슨 연관이 있을까?

영화가 소설에 더 가깝다면 사진은 시에 더 가깝다. 사진은 영화에 비해 훨씬 비현실적이며 그래서 더 환상적이다. 나는 풍경 사진이건 도색 사진이건 멈추어 있는 사진이 더 좋다. 사진 속의 사물과 사람들은 어떤 신비로운 마법에 걸린 것처럼 가만히 있다. 그렇게 영원히 있는 것이다. 우리는 사진처럼 멈추어 있는 경치나 얼굴을 현실에서 전혀 만날 수 없다. 사진 속의 사람은 딸꾹질도 하지 않고 침을 흘리지도 않는다. 가장 그럴듯한 자세 하나로 모든 것을 참고 있다. 시도 그렇다. 영화관이 많은 도시의 사람들은 소설을 더 많이 쓰고 읽을 듯하다. 그렇다면 사진관이 많은 도시에 시인이 더 많은 것은 너무도 당연하리라.

한꺼번에 세 시인의 서평을 하라고 한다. 세 권을 읽고 한 편의 글을 쓴다고 해서 시집을 삼분의 일만 읽는 것이 아니며, 시간이 삼분의 일만 걸리는 것도 아니다. 허튼 소리했을 때 욕을 삼분의 일만 먹는 것도 아니다. 하지만 도리 없다. 심부름도 아무나 시키는 게 아니라고 여기며 고맙게 써야 한다. 서평을 할 책을 쓴 두 남자 시인은 만나본 분들이고, 여자 시인은 만나지 못한 분이다. 그러고 보니 전주에서 만난 시인은 모두 남자들뿐이었다. 세 조각으로 나뉜 좁은 지면에 자세히 길게 쓰기는 이렵고 간결한 독후감을 쓰려고 한다.

2. 일상의 출구를 찾아서—김혜선의 시집

김혜선 시인의 시를 읽으면 이 세상을 살아가는 일이 나무를 키우듯이 생각을 키우는 일임을 알게 된다. 그도 우리처럼 일상에 묶여 있으면서 벗어나는 일을 꿈꾸며 살아간다. 그의 시집에는 이 탈출의 소망이 차곡차곡 들어 있다. 그에게 일상은 〈춤을 춘다.

/ 시퍼런 작두날 위에서 / 균형을 잡기 위해 안간힘 쓰는 / 일상의 춤〉(「출구를 위하여」)에서 보듯 안온하기보다는 다치기 쉽고 깨지기 쉬워서 아주 위태로운 무엇이다. 일상이 이렇게 위태로운 것은 수시로 고개를 내미는 탈출의 유혹 때문이다. 이 유혹에 진다면 쌓아놓은 계란처럼 불안한 일상은 무너져 깨진다. 위험한 소망은 일상의 사물들과 여행의 계기로부터 촉발되곤 하는데, 「번데기의 잠」은 그런 점에서 시인이 보여주려고 한 세계의 축도를 간직하고 있다. 번데기는 애벌레의 시간을 마감하고 나방 또는 나비가 되기 위해 안전한 고치 속에서 변태를 준비한다. 시인은 이를 〈하얀 무덤 속에서 잠을 잔다〉고 표현했다. 재미있는 것은 〈나방 — 번데기 — 애벌레〉의 생태적 연쇄를 시 가운데에 모신 후 시의 앞과 뒤에서 보여준 시인의 속마음이다. 앞에서 〈그늘진 마음이 감옥을 짓는다〉고 했고, 뒤에서는 〈의지와는 상관없이도 차오르는 마음의 비단 날개〉라고 했다. 그렇다면 자신의 〈잠〉이 번데기의 잠처럼 밝은 전망을 가지고 있지는 않다고 시인은 생각하는 모양이다. 〈그늘진 마음이 짓는 감옥〉은 일상의 삶에 부대끼는 개인이 장만하는 위안의 공간일 것이다. 〈마음의 비단 날개〉는 그 공간에서 이루어지는 위안이 일상에서 탈출하려는 소망과 매우 닮았다는 점을 알린다.

김혜선 시인의 시는 일상을 관찰하고 그 속에 담긴 비밀스런 의미를 공들여 찾아본 결과이다. 그래서 그의 눈에는, 고단한 삶을 견딘 값진 흔적인 〈눈물〉을 인간에게 빼앗기는 고로쇠나무의 슬픔이 보이고, 〈그리움의 산란〉을 위해 고향으로 돌아오는 연어의 혼이 보이고, 달팽이의 위태롭고도 지난한 삶과 안쓰러운 생김새가 보인다. 또 시인의 눈길은 은비늘 부서지는 기억 속에서 빙어를 찾아내고, 선인장의 가시 속에서 눈물의 힘도 찾아낸다. 그리고 자주 시인은 일상의 소품들에 자신의 내면을 비추어보는데, 아래 구절들은 그 내면에 얼마나 열렬한 탈출의 꿈이 숨 쉬고 있는지를 알려준다.

(1) 뽀얀 날개를 날고 하늘을 훨훨 날아서 / 가고 싶은 곳 어디든 날아갈 수 있는 / 민들레나 엉겅퀴의 씨앗이 되고 싶습니다.(「씨앗에 관한 명상」)
(2) 날아오르리라. // 스스로 혼자가 되는 / 숨막히는 소용돌이를 지나 / 대기의 한 점으로 영원히 풀려날 때까지(「연」)
(3) 풀려나고 싶다. / 주변에 널려 있는 소리 없는 투망들로부터 / 여기저기 얽혀서 / 서로 밀고 당기는 관계와 관계(「그물」)

일상에서 탈출하려는 열망을 둘러싼 긴장의 시 속에서 나는 반가운 추억과 만났다. 시 읽기란 시인의 체험과 시의 체험과 독자의 체험, 이 세 가지 체험이 만나는 것이라는 뜻의 글을 책에서 읽은 적이 있다. 이 말이 옳다면, 체험의 만남은 시 이전의 문제가 된다. 1980년대 후반쯤이었던가, 일군의 탈옥수가 서울의 주택가에서 여학생을 인질로 하여 경찰과 대치한 일이 있었다. 그들이 자살했는지 사살되었는지, 또는 일부가 생포되었는지 기억이 뚜렷하지 않으나, 풀려난 여대생이 죽은 탈주범을 동정하며 눈물을 흘리던 장면은 기억난다. 탈옥수이자 인질범의 한 사람은 죽기 직전에 경찰에게 마지막으로 듣고 싶은 노래를 신청했는데, 그 제목이 「할리데이」였다. 당시에 유행하던 스콜피온즈의 동명이작이 아니라 낡은 비지스의 것이었다. 나는 생사의 기로에 선 상황에서 경찰이 틀어놓은, 꽤 발랄하지만 약간은 우수에 젖은 비지스의 「할리데이」가 그 골목에 울려 퍼지던 상황을 상상한다. 얼마나 이상하고 슬픈 장면인가. 나는 왠지 이 노래를 죽음 직전에 듣기를 원했던 그 죄수가 〈좋은〉

사람이라는 생각이 든다. 어떤 시에서 김혜선 시인은 독자들에게 그 일을 기억하고 있는지를 묻고 있다.

오래 전 세상을 어수선하게 했던
탈옥수 사건을 기억하고 있는지
유전무죄 무전유죄라며
텔레비전 앞에 모여 있던 사람들에게
냉소를 보내던 한 사람.
[…]
가장 좋아하는 노래에 잊혀지면
출구 없는 세상을 떠나는 자의 뒷모습이
생중계되던 잔인한 하루여.

—「비지스의 할리데이를 들으며」에서

나는 한 사람의 독자로서 그 사건을 각별하게 기억한다고 대답한다.

3. 사람을 넓게 사랑하기—복효근의 시집

복효근 시인의 말은 건강하고 쉽다. 건강하고 쉬운 그의 말은 여러 색깔을 가지고 있다. 그의 이번 시집에는 서정시인의 고운 목소리와, 풍자시인의 날카로운 목소리와, 민중시인의 든든한 목소리가 함께 있다. 이중 그의 시를 지탱하는 가장 믿음직스러운 기둥은 첫 번째 목소리인데, 「겨울숲」, 「토끼풀꽃시계가 가리키는 시계」 그리고 「겨울의 노래」 연작들이 대표적인 예이다. 「겨울숲」은 헐벗고 외로운 사람과 고통을 나누고 그들을 위로하며 좋은 날을 기다리겠다는 주제를 아름답게 노래한 작품이다. 말미에 〈보라 어느샌가 / 수많은 그대와 또 수많은 나를 / 사람들은 숲이라 부른다〉고 하여 작은 봉사와 희생이 이윽고 크고 넓은 공감의 세계에 이를 것을 확신하고 있다. 또 다른 기둥은 풍자시인데, 「서울 비둘기」, 「새우깡을 먹으며」, 「먹자 골목에서」 「왕거미」 등이 그 대표적인 예이다. 이들 시편들에서 시인은 대도시의 비인간성과 자본주의의 고질을 풍자한다. 남은 하나의 기둥은 민중시적 경향인데, 따로 작품을 들기는 쉽지 않지만, 시집 전반에 두루 영향을 미치고 있다. 그의 말이 건강하고 쉬운 것은 바로 이 경향에서 비롯한 것이 아닌가 한다. 「새에게도 두음법칙이」, 「참새에게」 등이 대표적인 경우이다.

앞에서 나누어본 세 가지 목소리는 복효근 시인의 새 시집 속에서 잘 어우러져 있다. 사실 서정적인 목소리나 풍자적인 목소리, 민중적인 목소리의 근원은 서로 다르지 않다. 대상에 따라 목소리가 달라질 뿐 어느 것이나 세상과 사람에 대한 넓은 사랑에서 말미암기는 마찬가지이기 때문이다. 아름답고 고운 목소리로 그려낼 것이 있기 때문에, 또 그와 같은 방법으로 기리고 간직할 것이 있기 때문에, 다른 무엇에 대해서는 준엄할 수 있고 냉소적일 수 있으며, 더 큰 세계의 희망을 노래할 수 있다. 그의 시집 곳곳에서, 세상과 삶에 대한 직관을 읽어내는 일은 그러므로 별로 어렵지 않다. 이를테면 〈모든 상처는 꽃을 / 꽃의 빛깔을 닮았다〉(「상처에 대하여」)라고 노래할 때 그의 목소리는 세상의 이치를 다 알아버린 사람처럼 보인다.

이미 이 시집을 해설한 이도 주목한 바이지만, 나도 「초인종을 누르다가」 같은 시가 재미있다.

집에 이르러

초인종을 누르면
누구냐고 묻는다
문득 할 말이 없다
[…]
이웃집 개가 아는 체 한다
나는 개인지도 모른다
방금 골목을 돌아서다가
마주친 여자
미끈한 몸매를 맘껏
상상하며 왔는데
초인종 저쪽에서 아내는
재촉하듯 당신이냐고 묻는다
나는 누구인지
할 말이 없다 문득

—「초인종을 누르다가」에서

이 시집을 읽다가 혹시 착하기만 한 목소리에 지루해진 사람이 있다면 이 시를 유심히 읽을 필요가 있다. 이 시에는 대외용으로 순치되고 평면화한 인격이 벗겨지고 그 속에 있는 아주 인간적이고 입체적인 시인의 면모가 드러나 있다. 정도의 차이는 있을지 몰라도 우리 모두는 대부분 이 시의 화자와 사정이 비슷하다. 지나친 솔직함은 오히려 다른 사람들을 당혹하게 하기도 하지만 이 시의 솔직함은 별로 그렇지 않다. 시 또는 문학에서 윤리적인 면모를 요구하는 전통이 강한 우리 문학에서 그 동안 놓쳐온 것이 있다면 이런 유의 진정한 내면 토로일 것이다. 이는 독자의 기형적 호사취미에 영합하는 것이 아니라, 또 다른 문학의 고유 영역인 인간 탐구의 실천이라고 할 수 있다. 사실 우리는 얼마나 복잡한 존재인가. 그리고 이런 복잡함을 능숙하게 관리하며 한 사람의 건전한 시민이 되는 것은 또 얼마나 어려우며 또 얼마나 경이로운가. 과연 이 어려운 일을 하는 일은 쓸모가 있는가. 이런 질문에 이 시는 썩 보기 좋은 방식의 대답을 보여준다. 이런 목소리 속에서 시인 복효근 시인의 내면은 더 뚜렷이 드러나고 그의 다른 목소리들도 힘을 얻는 한편, 독자들은 시인을 더 사랑하게 된다.

복효근 시인은 〈노란 똥물까지 / 다 토해 놓고 / 바라보는 흔들리는 세상이 / 세상이 첫사랑처럼 아름답다〉(「이른 아침 술에 깨어」)고 했는데, 나는 이런 비유에 쓸 만한 아름다운 첫사랑을 경험하지 못했지만, 그 밖의 구절에는 전적으로 동감이다. 어떤 아침, 술에서 깨는 일은 다시 태어나는 것만큼 고통스럽고, 모든 일을 미루고 몸과 마음이 다시 돌아오기를 기다릴 때 세상마저 다시 깨어나는 것 같다.

4. 정거장에 서서—안도현의 시집

나는 16, 7년 전부터 안도현 시인의 독자였다. 얄팍한 팜플렛 동인지가 하나 있었는데 무명 시절의 안도현 시인은 그 동인이었다. 나는 어떤 연유에서인지 기억하지 못하는데 그때 그 동인지를 계속 받아 보았다. 거기에는 교과서적이면서도 아름다운 작품 「귀」와 「풍산국민학교」 등이 실려 있었다. 이들 작품은 나중에 첫 시집에 수록되었는데, 게중 「분홍지우개」라는 연시는 빠졌다. 나는 이 사실이 무슨 비밀스런 발견이나 되는 듯이 혼자 즐거워했다. 1980년대에 그 〈간지러운〉 연시를 떳떳이 내놓을 수 없다고 그가 생각했다면 나는 이해할 것 같다. 요즘 젊은이들은 이런 소리를 다 알아듣지 못할 것이다. 우리 세대에게 1980년대는 그런 시대이다. 작년에 나는 그 시가 나중에서야 시집에 실렸음을 알았다. 비교해보니 낱말이 몇 개 바뀌었다.

이제 안도현 시인은 열광적인 소수 독자의 품을 떠나 〈이름난〉 시인이 되어버렸다. 〈이름난〉 시인들의 시를 비평하는 일을 비평가들은 즐기지 않는다. 자세한 이유는 밝히기는 곤란하지만, 대체로 자존심 또는 염결성과 관련이 있다고만 말해두자. 비평가들은 몇몇 대목에 강박증을 가지고 있는데, 이 경우는 상업적 분위기에 대한 강박관념이 발동한 경우이다. 또 다른 이유도 있을 법하다. 내가 안도현 시인의 시를 평하기를 망설이는 것은 이 때문일지도 모른다. 진작부터 안도현 시인의 시를 좋아해 왔고 이제 사람까지 좀 알게 되었지만, 덩달아 말하는 것으로 오해받기 싫어서이다. 대부분의 평론가들은 숨어 있는 보석 같은 시와 시인을 좋아한다. 그 빛을 찾아낸 사람이, 그럴 안목을 가진 이가 자신임을 보여줄 수 있기 때문이다. 같은 이유로 비평가들은 뒷북치는 짓을 하기 싫어한다. 지금 안도현 시인의 시를 좋게 이야기하면 뒷북을 치는 짓이 된다. 이럴 때는 비판적으로 평하는 길이 있다.

안도현 시인의 시적 감수성은 가위 독보적이다. 이를 부인하기는 어렵다. 그의 빼어난 서정과 기량은 튼튼한 세계관과 결합되어, 현재로서 완성된 하나의 어법과 형상을 가지고 있지만, 나는 이 시인의 현재가 정거장에 서 있는 형편이라고 생각한다. 이를테면 그는 지금 환승역에 서 있는 것이다. 설령 시인이나 그의 가까운 벗들이 그렇지 않다고 말한다면, 나는 그래야만 한다고 바꾸어 말할 것이다. 그는 정확하게 쓰자면 굉장히 길게 설명해야 할 어떤 이유로,

열 몇 해 동안 지어왔던 집을 다 짓지 못하고 떠나게 되었다. 그는 지금 이삿짐을 챙겨 마지막으로 옛집을 둘러보고 길을 나서는 판국인데, 그가 어디로 갈지는 잘 모르겠다. 〈옛집을 둘러보고 길을 나서는〉 몸짓과 표정은 그 자체로 좋은 시의 태도가 될 수 있다. 그러나 하염없이 길을 나서고 있을 수만은 없는 일이다. 이 시집에서 그의 언어는 넘치는 면이 있다. 그는 많이 가벼워져 있다. 절대적인 기준에서가 아니라 그의 이전 시집을 잣대로 한 상대적인 기준에서 그렇다. 충분히 계산되고 계획된 것이라 생각하지만, 이것이 그의 마음속에 숨은 허탈감과 자조의 그림자가 아니라고 하기는 어렵다. 달리 말해 지금 그의 언어는 진지함과 가벼움 사이에 불안하게 걸쳐 있다. 어느 쪽에 편중되는 것은 좋지 않겠으나, 중간에 걸친 것이 무조건 좋다고 하기도 어렵다. 그는 탁월한 시인들이 항용 그랬듯이 스스로 길을 찾아갈 것이다. 나는 그의 시가 어떤 형태로든 다시 진지해지고 무거워지는 과정을 거치는 것이 좋겠다고 생각하는데, 장담할 수는 없다. 어쨌든 나는 현재 그의 시에도 썩 만족하고 있음을 강조하기 위해 무엇인가 하지 않으면 안 된다.

> 시외버스를 타면 길가에
> 가끔, 오래 된 정미소가 서 있는 것을 보게 되고
> 나는 그곳을 아주 천천히 지나가고 싶어지네
> […]
> 정미소는, 숨가쁘게 달려왔으나
> 결국 실패하고 만
> 늙은 혁명가
> […]

그 풍경을 나는 이제 사랑하려 하네

—「정미소가 있는 풍경」에서

정미소는 마을의 한 복판이나 교통이 편리한 길목에 있다. 그리고 시인이 관찰하였듯이 양철판을 덧댄 특이한 모양을 하고 있는데, 농촌에서는 눈에 띄게 이국적이다. 시인은 문을 닫고 쉬는 정미소를 보고 이를 〈결국 실패하고 만 늙은 혁명가〉에 비유했다. 〈혁명가〉의 세계는 그가 이미 지나쳐온 역들이 속한 나라이다. 그래서 그는 정미소 앞을 〈아주 천천히 지나가고 싶〉다고 하고 〈그 풍경을 이제 사랑하〉겠다고 한다. 이는 간단치 않은 추억으로 자신과 맺어져 있기 때문이다. 옛날 정미소는 아주 요란하게 일했다. 실제로 그랬고 시인의 선택한 비유의 내막에서도 그랬다. 그런데 이제 할 일을 잃고 문을 닫고 조용히 서 있다. 마치 누군가가 데려갈 날을 기다리는 병든 노인처럼. 한편으로 이 시는 그와 같은 무거운 내막을 바탕에 둔 채 매우 낭만적이고 정서적인 태도를 새기고 있다. 그리하여 작은 것들의 소중함, 사라져 가는 것들의 아름다움, 쓸쓸한 것들의 향기 등을 환기한다. 이런 기량과 재주는 언제나 안도현 시인이 특별히 자랑할 만한 것들이다.

사족처럼 밝힐 것이 있다. 시인과 다른 이유로 나도 여간한 마을에 하나씩 있는 정미소를 유심히 보는 편인데, 정미소는 문을 닫고 있어도 아주 문을 닫은 것은 아니라는 점을 최근에 알게 되었다. 단지 〈쉬고〉 있을 뿐이다. 요즘의 정미소는 옛날과 달리 사철 방아를 찧지 않는다. 기계가 좋아져서인지 보관기술이 좋아져서인지 정확하게 알지 못하지만, 어쨌든 수확기에는 방아를 찧지만 그렇지 않은 때는 문을 닫아두는 것이다. 이는 휴업이지 폐업이 아니다—엉뚱한 이유로 정미소를 탐내고 있는 나는 이 소문에 실망이 크다. 〈정미소〉가 완전히 일을 끊지 않았다는 중요한 정보 역시 현실에서도 중요하고 비유의 내막에서도 중요하다.

5. 이상한 파도소리

일상에서 시의 재료를 구하는 일은 동양적인 글쓰기의 전통과 가깝다. 대체로 그러한 시들은 말들이 쉬워서 독자들이 쉽게 접근할 수 있으며, 많은 사람들과 함께 체험을 나눌 개연성이 높아진다. 그러나 이러한 장점 이면에, 긴장을 잃고 타성에 빠질 위험이 있다. 이런 약점은 쓰는 사람에게는 물론 읽는 사람에게도 좋지 못한 결과를 낳는다. 요컨대 삶에 근거한 글쓰기는 글이 현실의 체험 공간에서 분리되어 소모적인 관념의 영역으로 떠오르는 것을 막아주는 좋은 방법이지만, 이 역시 손쉽게 평생을 머물 만한 집이 되지는 못한다. 그래서 소재 또는 방법의 탐색과 모험적 선택은 항상 모든 예술가 앞에 놓인, 결코 다하지 못할 숙제와 같다. 위에서 읽은 세 시인의 시는 저마다 자신이 선택한 소재와 방법에서 무르익고 보람찬 성취를 이루고 있다. 그러나 문제는 지금부터이다. 이런 군소리는 이 글의 모양에서 필요할 뿐 빼어난 능력을 가진 시인들에게는 언제나 기우일 뿐이다.

어두워진 지금 전주 부근에는 다시 멀리서 아주 작은 파도소리가 들린다. 이 알지 못할 파도소리는 많은 시인들이 연필로 시를 쓰는 소리인가. 자판을 두드리는 소리인가. 술잔에 소주 출렁이는 소리인가.(1998)

시집이 있던 자리

—심호택 시집 『미주리의 봄』,
이상희 시집 『벼락무늬』,
최하림 시집 『굴참나무 숲에서 아이들이 온다』,
김영무 시집 『산은 새소리마저 쌓아두지 않는구나』,
노향림 시집 『후투티가 오지 않는 섬』

지난 몇 해에 비해 이 무렵 발간된 시집의 숫자는 눈에 띄게 줄었다. 걱정하던 일이 이만큼 현실로 다가왔다. 몇 달 전 글과 책에 얽힌 일을 하고 사는 이들이 모인 자리에서, 시집의 경우 이제 다시 자비 출간의 시대가 온 것이 아닌가 하는 소리를 들은 적이 있다. 지나가는 화제에 지나지 않았으나 나는 그 걱정스런 예측의 뜻을 오래 되씹었다. 시집 출간을 둘러싼 수많은 풍설들. 이른바 권위 있는 출판사에서 100권을 훨씬 넘는 시집 시리즈를 펴내는 관행은 순전히 한국적인 기이 현상인가? 우리는 그 동안 분에 넘치는 시집을 읽고 살았던가? 그래서 이제라도 돈 세상의 순리대로 되어 가는가?

이른바 〈본격 시집〉의 출간이 눈에 띄게 줄어든 반면 이른바 〈인기 시집〉들은 여전히 서점의 한 가운데에 터를 넓게 잡고 예쁘디 예쁜 표지를 자랑하고 있다. 악화가 양화를 구축한다더니, 이 가난한 시절에도 방긋방긋 웃는 시들은 잘 먹고 사는 모양이다. 나는 부유한 집안의 행복한 아이들에게 밀치고, 가난한 집안에서 어렵게 태어난 아이 가운데 다섯을 골랐다.

심호택, 『미주리의 봄』. 시인이 미국에 머물면서 겪은 일과 만난 사람들의 이야기가 이 시집의 줄거리를 이룬다. 그의 방법은 일상을 세심하게 관찰하여 그 잔영을 담는 데 기억할 만한 강점이 있다. 나는 이 시집을 순서대로 읽으며, 간결하게 말을 가려 하는 이의 이야기를 듣는 듯이 편안했다. 그가 구경한 풍광들은 그의 눈길과 손길을 거치면서 종요롭게 갈무리되어, 읽는 이는 실상과 이에 대한 시인의 해석을 아울러 즐길 수 있다. 이런저런 사태 앞에서 시인이 드러내는 반응을 살피는 일도 재미있다. 이를테면 나들이에서 돌아오는 차안에서 아이들이 다투자 차를 세우고 〈처량한 목소리〉로 〈이렇게 한 차를 타고 즐거운 나들이 다닐 수 있는 날이 일생에 몇 번이나 있겠느냐〉(「흰구름의 기억」)고 꾸짖는 장면이 그렇다. 이 흥미롭고 유익한 기행 시편을 덮으면서, 「구호물자」, 「미주리 나물」, 「김 교수 댁에서」, 「결별」 등의 시를 나는 따로 기억하고자 한다.

이상희, 『벼락무늬』. 〈눈을 뜨면 들이닥치는 / 前景과 後景 사이 / 읽고 싶은 책과 읽어야 할 책 사이 / 버릴 것과 구할 것 사이 / 아는 것과 모르는 것 사이 / 붙잡을 것과 놓칠 것 사이 / 식욕과 구토 사이 // 시시각각 좁혀오는 틈새와 난간 사이〉(「초현실주의」). 이 많은 사이가 무엇인가? 그 사이에 무엇이 있는가? 나는 그 사이에 〈현실〉이 있거나, 그 사이가 바로 현실이라고 생각한다. 현실은 그 사이가 아니라 그 모두인가? 그러나 이 말이 내 말과 다르다고 여기지 않는다. 그런데 시인은 제목을 〈초현실주의〉라고 붙였다. 빽빽한 현실의 틈 그 사이에 현실을 벗어나는 길이 있는가? 어쨌든 이 시는 시집 전체를 포괄하는 하나의 상징적 장면을 간직하고 있다. 현실 속에 몸담고 살면서 정체 모를 갈증으로 현실 너머를 꿈꾸는 몸짓, 이것이 우리의 삶이다. 문제는 화자가 마지막 연에서 드러낸 위기의식이다. 이는 이 시집에 세상을 앓는 이의 신음이 많은 이유를 설명한다. 나는 이 시집을 읽으며 〈바다〉, 또는 넓게 말해 〈물〉의 변형에 밑줄을 긋는다. 신화적으로 해석할 의도는 없다. 부산 사람들은 바다를 그리워한다. 바다는 그들 삶의 바닥에서 평생을 철썩거린다.

최하림, 『굴참나무 숲에서 아이들이 온다』. 그의 시는 아무 것도 가지지 않았다고 스스로 생각하는 사람의 노래이다. 원래 시인이야 가지지 않아서 더욱 자유롭고 행복할 수 있는 사람일 터이지만. 그리고 그는 이미 〈고요에 이르러〉(「집으로 가는 길」) 〈고요히 세계를 보고 있다〉(「저녁 무렵」). 이미 그는 어머니를 잃고, 친구를 잃고, 건강을 잃은 것 같다. 그래서 지금 그의 마음에는 아주 깨끗하고 단단한 것들만 남아 있다. 게 중에는 아내와 함께 시도 남아 있다. 다들 붙잡아도 떠나는데, 시는 한사코 떠나려 하지 않는 모양이다. 시인은 때로 귀찮아서 〈느티나무 아래 시들을 모아 / 불태우〉(「詩를 태우며」)기도 하고, 〈나는 아주 시 쓰기를 멈추고 싶다〉(「겨울 어느 날」)고 되뇌기도 한다. 이 시집에서 〈새〉가 맡은 배역은 매우 중요하다. 새는 나무와 더불어 총천연색으로 치솟아 오르고, 시인의 삶은 흑백으로 고요하다. 이들이 안내하는 굴곡을 쫓아가면 시집의 등성이 부근에서 아름다운 서정시를 만난다. 「모자도 쓰지 않고」와 「아침 유대」가 내게는 그렇다.

김영무, 『산은 새소리마저 쌓아두지 않는구나』. 이 시집에는 열린 마음으로 세상을 따뜻하게 바라보려는 신앙심과, 깊은 눈길로 바라보려는 지성이 함께 있다. 시인은 문학연구자, 문학평론가, 시인의 면모를 함께 가지고 있다. 시집의 들머리에 무겁게 자리 잡은 「조선교

회에 보내는 예수님의 편지」 연작에서 그가 성인의 입을 빌어 전하고 싶은 말씀은, 한국 종교계의 폐쇄성과 속물성이다. 그는 아마도 모든 종교의 근원은 한 가지이며, 근본주의적 지향만이 이즈음 한국 종교가 부딪힌 방벽을 돌파하는 방안이라고 믿는 듯하다. 그래서 그의 시에서 예수님은 더러 부처님의 사례를 원용하면서, 순수한 종교적 열망과 교리적 근원으로 복귀하기를 간곡히 타이른다. 그의 충정은 〈아름다운 초록별 지구가 지금 / 십자가에 못박혀 / 신음하는 저 소리〉라는 절박한 호소에까지 이른다. 이어지는 그의 시들은 이런 범종교적 또는 범지구적 또는 근본주의적 세계관이 빚어낸 서정이다.

노향림, 『후투티가 오지 않는 섬』. 그의 시가 공들인 그림 속에서 사람들은 거의 보이지 않는다. 가끔 보이는 익명의 사람들조차 풍경을 헤치지 않도록 움직임을 절제하고 있다. 그러니 속마음을 살피기도 쉽지 않다. 이런 방법은 풍경을 강조하기 위해 선택된 것처럼 보인다. 이는 극사실을 추구하는 풍경화가의 작품에서 사람이 흔히 삭제되는 것과 이유가 같다. 풍경은 유구한데 사람은 잠시 머물다 사라지는 것이기 때문이다. 이때 풍경은 오직 자신을 선택한 사람하고만 내통한다. 이를테면, 「서류」라는 고요한 시에서 〈서류나무 한그루 / 불모의 시간을 사〉는 까닭도, 〈시름이 파랗게 우러난 / 햇볕이 숨어들어 오〉는 까닭도, 그리고 〈손님 없는 텅 빈 열차가 하나 지나가는 중〉인 까닭도 이 집의 주인이 병을 앓고 있기 때문이며, 시의 화자가 그 분의 건강을 깊이 걱정하고 있기 때문임이 틀림없다.

지난날 활판의 시대에는 출판사마다 편집이 엇비슷했다. 전산식자의 시대인 지금, 저마다 고유한 편집 감각을 발휘하여 서체와 여백의 개성을 자랑하고 있다. 이번에 보니 민음사의 글자는 조금

작은 듯이 야무지고, 창작과비평사는 특유의 허술하고 거친 편집에서 벗어났으나 여전히 제목 활자는 대문짝만하다. 문학동네는 자간을 줄여 조밀한 멋이 있다. 문학과지성사는 한때 글자 엉덩이쯤에 붙는 구두점이 거슬렸는데 이는 나아졌다. 그러나 여전히 지나치게 조밀하다. 최소의 자간과 행간을 선택한 데다 글자까지 홀쭉하게 하여 읽기에 꽤 불편하다. 어쨌든 시와 시인에게, 그리고 시집 출판사에 축복을!(1998)

시 쓰기의 의미와 삶의 방법

—권오표 시집 『여수일지』,
허성욱 시집 『꽃비 내리는 마을로 가는 길』,
이만식 시집 『하느님의 야구장 입장권』

1. 시인의 불행

어떤 시인들은, 젊은 시인들이 마침내 밑천을 드러내며 시 쓰기를 그만 둘 때쯤 뒤늦게 시를 쓰기 시작하여 세상에 알려진다. 그들은 어떤 의미에서 더 불행한 시인들이다. 세상에 알려진 또는 스스로를 알린 시인은 다 불행하다고 말할 수 있지만. 그들의 뒤늦은 불행은 알려지지 않을 뻔 하다가 결국 알려졌기 때문에 더 안타깝다. 그리하여 그들은 전에 없이 조심하는 몸짓과 말투를 연습해야 하고, 몇십 그루의 나무를 갈아 만든 시집을 들고 영광스럽고 고마운 표정으로 사람들을 만나야 한다. 심하게 말해도 된다면, 우리가 만든 세상에서 시인은 이런 존재다. 이제 그들은 오로지 스스로에게만 충실하던 골방의 글쓰기에서 벗어나, 많은 사람들을 만난다. 그리고 영향받는다. 그래서 대개는 깨끗하고 맑은 옛날의 마음을 잃어버린다. 시인다움에 집착하여 몸짓과 말투를 꾸미고 비평가들이 흘리는 시시한 말들을 귀에 담았다가 자신의 방으로 돌아가서 그 지침으로 시를 짓기도 한다. 그들은 시 쓰기라는 고상한 명분을 내세운 직업적인 타락에 동참한 것이다.

그러나 그와 같은, 타락의 위험성이 매우 높은 과정을 거쳐 기억할 만한 시인을 만날 수밖에 없는 현실을 우리는 인정해야 한다. 이 대목이 독자와 비평가들을 긴장하게 한다. 서점과 도서관의 서가에 꽂힌 아주 많은 시집 앞에서, 한 권을 고르기 위해 얼마든지 숙고해도 좋다. 대중 매체와 대형 서점이 내건 베스트셀러 석차에서 낯을 익혔던 시집들을 접어 두고 그 밖에서 외롭게 시집을 고르는 데는 얼마나 많은 망설임과 용기와 식견이 필요한지 모른다. 오랜 금언들이 가르치듯 진정한 것은 대개 눈에 띄지 않는 곳에 있다. 아주 조용하고 한적한 곳에 우리를 놀라게 할 꽃이 자라고 있으며, 지천의 모래 알갱이 가운데 빛나는 광석들이 숨어 있다.

살아 견디는 것만으로도 대견했던 더위 속에서 나는 세 시인이 저마다 공들여 펴낸 세 권의 시집을 읽었다. 이들 세 시인이 언제부터 시를 쓰기 시작했는지를 알지는 못하지만, 모두 마흔이 넘어 시인으로 세상에 알려졌다는 사실은 확인할 수 있다. 그들은 올된 사람이 아니다. 올된 사람들은 스무 살이 되기 전에 글쓰기를 버리고 훌쩍 더 넓고 밝은 세상으로 나아간다. 그들은 평생 스스로를 문학 소년 또는 소녀라고 부른다. 그들에게 문학은 대개 추억 속에 있다. 설령 그들의 취향이 교과서에 실린 시에만 머물더라도 그들의 위엄스런 현재와 문학적 추억이 그 모양을 가꾸어 준다. 그들의 현재가 행복하므로 과거는 현명했다. 그런데 어떤 사람은 〈잘 살다가〉 글을 쓴다. 내가 읽은 시집들을 쓴 시인들도 그렇다. 한 사람의 일생을 조망할 때 매우 늦게 시인으로서 세상에 알려진 그들은 공교롭게도 모두 문학 또는 언어를 가르치는 일에 종사하고 있다. 더욱이 그들의 시는 인간적 성숙과 언어적 안정을 등단 무렵에 이미 확보하였다는 점에서, 그리고 시로 미루어 보건대 그들에게 시 쓰기가 가벼운 선택의 결과는 아니라는 점에서 닮았다.

세 사람의 시인은 당연하게도 저마다 다른 방법으로 시를 쓴다. 방법이 달랐으므로 결과도 당연히 다르다. 나는 그들의 고른 방법과 이른 결과가 다 스스로의 삶에서 말미암는다고 생각한다. 아주 예민하고 젊은 촉각으로 시를 쓰는 사람들은 자신의 삶과 선명하게 구획되는 경험을 바로 시에서 〈창조〉하기도 하지만, 나는 그런 방법에는 별로 마음이 끌리지 않는다. 말하자면 그렇게 쓴 시는 나쁜 의도의 혐의를 갖는 심한 거짓말이라고 여겨지기 때문이다. 약간의 거짓말은 오히려 시에서 자연스럽다. 모든 수사적 기제들은 사실 거짓말의 회로를 어느 정도 간직하고 있다. 그러나 시의 거짓말은 더 값진 진실을 얻는 방편이라는 점에서 아름다운 명분을 갖는다. 진실 또는 진정성 너머에 다른 의도를 덤으로 갖는 거짓말은 그야말로 거짓말에 지나지 않는다. 나보다 세상을 더 산 세 시인의 시를 읽으면서, 그들의 시가 삶의 진정성을 충분히 담지한다고 믿을 수 있었다. 일반적으로 시 속 화자의 인격이, 또는 언어로 구축된 하나의 세계를 설계한 인격이 시인의 인격과 다를 수 있지만, 문학 비평의 관심은 철저히 전자에 몰두하는 것이다. 얼마간의 위험을 무릅쓰고 나는 그들이 거의 같다고 전제하고 이 글을 쓴다.

2. 그리움으로 보내는 한 세상

권오표 시인은 말을 다루는 데 남다른 재주를 가졌다. 그의 언어는 젊고 노련하며, 그의 시는 매 편 감춤과 드러냄의 조화를 구현하고 있다. 이러한 재능은 흔하지 않다. 이 시집 속에서 그는 자신의 젊은 날을 관통한 꽤 긴 시기에 우리 문학이 집요하게 다루고 실험한 여러 주제를 두루 매만진다. 뿐만 아니라 이 주제들은 성숙한 언어적 기술에 의해 잘 통제되고 있다. 여러 지향의 시들은 저마다 안정된 외양을 갖춘 채 좋은 시의 미덕을 자랑한다.

그의 시가 보여주는 여러 지향 가운데 한 갈래가 따로 눈길을 끈다. 그것은 그리움의 세계인데, 그의 그리움은 막연한 대상이 아니라, 예전에는 함께 있었고 지금도 사랑하는 사람과 헤어져 있는 상황에서 말미암는다. 그래서 그의 그리움은 현재의 헤어짐 위에서 얹혀 있다. 이 헤어짐과 그리움의 구도에는 식구들을 비롯한 많은 사람들이 맡은 역할이 있다. 누이는 〈석삼년을 기다려도 오지 않는 임〉(「鴨綠을 지나며」)을 그리워하고, 할머니는 아직도 만주 어디를 헤맬 할아버지의 고혼을 그리워하고(「뒤뜰에 서서」), 〈나〉는 이북의 겨레로 읽히는 〈북의 아우〉를 그리워한다(「편지」). 이렇게 연유가 다른 헤어짐도 회복할 수 없는 심연으로 구획되어 있다는 점에서 길이 같다. 이 심연은 〈언제나 강의 저쪽에서 혼자 서성이던 / 그대〉(「雨水 근처」)에서 보듯이 〈강〉이나, 〈뭍으로 가는 배는 떠나고 없었다〉(「섬, 상처를 위한」)에서 보듯이 〈바다〉의 모습으로 드러난다. 이는 사람이 맨몸으로 건널 수 있는 장애물이 아니다. 다시 말해 어느 가까운 시간에 만남이 실현될 만한 처지가 아닌 것이다. 심연 너머에 있는 그리움의 대상은 〈나〉에게 이른바 한의 정서를 불러일으킨다. 회복될 수 없는 불행에 대한 마음 씀을 사람들은 한이라 부른다. 〈저무는 강기슭에 / 둥지 하나 틀지 못하는 우리〉(「새」)는 곧 회복할 수 없을지언정, 잊을 수도 없는 이별의 상황을 잘 드러내는 구절이다. 어떤 때 시인은 다음과 같은 질문의 형태로 스스로의 깨달음을 추스른다.

사람들아,

우리를 상하게 하는 건 헤어짐이 아니라

논배미 끝에 매어둔 그리움이 아니더냐

—「허수아비」에서

그러나 사십대를 살아가는 권오표의 시집이, 그 절반 정도를 산 젊은 시인들의 시처럼 그리움과 안타까움으로 축축이 젖어 있거나, 뜨겁게 달구어져 있다고 말하는 것은 마땅치 않다. 그의 시는 삶의 연륜만큼 안정되어 있다. 시인은 〈비어 있음으로 오히려 / 넉넉히 차오르는〉(「夜行」) 이치를 알고 있으며, 〈이 비린 세상〉(「게」)을 넘어서기 위해 〈거기서 멈출 수 없어. 뒤돌아보지 마. 그냥 가보는 거야. 되돌아가기엔 너무 먼 길을 왔으므로〉(「마흔여섯의 길 건너기 1」)라고 생각해야 함을 이미 알고 있다. 그래서 그의 시에서 그리움은 특정한 사람과 맺은 관계에 얽매어 있거나, 간헐적으로 지나치는 일시적 감정의 고갯길이 아니라, 그 자체로 안정적이며 지속적인 채로 삶의 한 방법이 된다. 이런 상태는 이 시인이 시를 쓰며 살아가는 온 생애 동안 계속 유지될 것 같다. 이런 갈래를 뚜렷이 보여주는 작품이 있다.

오직 그리움으로만 바라볼 일.

어떤 이들은 오랜 방랑에 지친 관절을 끌며

아득한 이역의 모퉁이 그 처마 끝에서

하룻밤의 안식을 꿈꾸고 있으리라

오늘도 그대는 이 한낮의 쨍쨍한 햇살 속을

포로롱거리는 종달새 날갯짓만
무심히 보고 있는가
빈 자리마다 제 키만큼 눈부시게 흔들리는
풀꽃들의 수런거림
安分의 그늘에 기대앉아 그대
삼복의 황톳길 포플러 가지에 걸린 탁발승의
그림자, 그 소매 끝에 절은 소금기를 아는가
오늘밤 더욱 웅숭깊어진 저무는 강 건너
실 타래 되어 흩어지는 유년의 불빛

묻고 싶다,
얼마나 더 깊어져야만
그대에게 닿을 수 있는지

—「길」

새 시집의 맨 끝에 실린 이 작품에서 여운이 오랜 부분은 처음과 끝 연이다. 많은 말과 그림을 동원하고 있는 가운데 연은 웬만큼 장식적이다. 거기에 방황과 정착 사이에서 벌어지는 긴장이 있다. 무언가를 구하려 세상을 헤매는 〈어떤 이들〉과, 소매가 소금기에 절은 〈탁발승〉은, 〈그대〉의 정착과 안정에 대비된다. 시인의 마음은 방황하는 이들의 편에 기울어 있는 듯하다. 그러나 현실에서 시인의 위치는 둘의 사이이거나, 〈그대〉에게 더 가까워 보인다. 이 가운데 연은 곧 시인 자신이라 보아 무방한 〈그대〉에게 보내는 자경록의 성격이 강하다. 방황의 동인은 〈유년의 불빛〉이며, 진정한 〈그대〉에게 닿기 위해 더 깊어져야만 하고, 더 깊어지기 위해서는 〈오직 그리움으로만 바라보〉아야만 한다. 그러므로 유년의 불빛에 대한 그리움은 〈그대〉에게 이르려는 평생의 여행을 담보하는 이유이자 방법이 된다. 흔히 누구에게나 첫 시집이 그러하듯이, 권오표의 첫 시집에도 그의 문학적 배아가 갖는 다양한 미래가 펼쳐져 있다. 그의 작업이 좀 더 높은 밀도와 심도를 갖는 주제로 나아갈 것을 기대한다.

3. 수레를 밀고 가는 먼 길

허성욱은 세상을 밝게 보는 눈을 가졌다. 그에게 시는 세상을 살아가는 아름다운 방법이자, 이를 다짐하는 하나의 방편인지도 모른다. 그의 시에 세속적 의미의 갈등은 거의 없다. 위대한 존재와 그를 따르는 겸손한 주체의 관계에 비하면 이런저런 세상 잡사는 사소하기 이를 데 없다. 만약 그의 시에 갈등이 있다면, 그것은 〈임〉 또는 〈당신〉이 현재 그의 가까이에 있지 않다는 사실, 또는 있더라도 아주 암시적으로 있다는 사실일 뿐이다.

허성욱의 시 전편에 스며 있는 주제는 헌신적 사랑과 동경이다. 이 헌신과 사랑의 대상은 시에서 〈임〉 또는 〈당신〉으로 등장하는 너없이 밝고 높은 존재이다. 익숙한 비처럼, 시에서 이들 존재는 자주 연인의 모습으로 등장하는데, 이처럼 절대적인 복종과 찬미로 형상되는 〈임〉은 〈가장 진실한 것으로 영원한 아름다움을 기르시고 고요한 생명의 광명을 통하여 올올이 풀어내시〉(「임은 가장 진실한 것으로」)는 이가 아닐 수 없다. 또한 그 이는 〈한없이 표류하는 이 마음을 붙들어 닻을 내려〉(「한없이 표류하는 이 마음을」)주도록, 〈기다림의 눈길마다 달이 뜨〉(「기다림의 눈길마다」)도록 해 달라는 시인의 기도를 받는 이이며, 그럴 자격을 갖춘 이이다. 이런 광명한 존재를 찾기 전에 시인의 삶은 매우 피폐해 있었으리라고 짐작할 수 있다. 이는 종교에 귀의하는 자들이 흔히 겪는다고 알려진 삶의 도저한 고통과 닮았을 것이다. 참담한 절망 속에서 시인은 어떤 계기로 광명한 존재의 빛을 보게 되었으리라. 그리고 세상을 보는 방법이 바뀌었다. 이 과정의 단서는 다음의 시에 있다.

> 어렸을 때는 풀꽃 따고 물장구치던 산천을 이 세계라고 생각했습니다. 간간이 갖고 싶은 밤하늘의 별들도 저의 세계였습니다. 자꾸 자라면서는 백 리 밖의 도회지와 만나는 많은 사람들이 이 세계인 줄 알았습니다. 그리고 점점 살을 파고 들어오는 욕심과 불만에 젖은 세월이 저의 세계였습니다. 생각을 바꾸면 세계가 바꾸어진다는 것을 안 지금은, 세계는 한낱 그림 같은 상황에 지나지 않습니다. 저마다 제 자리에서 제 노릇을 하고 있는, 끊임없이 그려지고 지워지는 상황입니다.
>
> —「세계는 한낱 그림」

중요한 만남이 이루어지기 전에 그의 삶은 눈앞의 작은 세계에 얽매여 있었다. 이 무렵 그가 처했던 삶의 상황은 〈점점 살을 파고 들어오는 욕심과 불만에 젖은 세월〉이라는 구절에 함축되어 있다. 그러나 시에서는 뚜렷이 밝히지 않는 어떤 계기로 그의 삶은 색조가 바뀌었다. 시인은 단지 생각을 바꿈으로 해서 이제 세계가 바꾸어졌다고 말한다. 이제 욕심과 불만으로 점철된 세속은 〈한낱 그림 같은〉 것에 지나지 않게 되었다. 이 그림 속에서는 〈저마다 제 자리에서 제 노릇을 하고 있으며〉, 또 〈끊임없이 그려지고 지워〉진다고 한다. 말하자면 낱낱의 그림은 그림대로 보아줄 만하고, 그럼에도 불구하고 그 또한 지워지고 새로 그려지는 비본질적인 현상이라는 것이다. 이렇게 새로 열린 삶의 공간에서 〈방황하여 가슴 아픈 날들은 방 안을 밝히는 촛불〉(「방황하여 가슴아픈 날들은」)이 되는 일은 자연스럽다.

이제 그는 〈임의 눈으로 이 세상을 보고자〉(「임의 눈으로」)하는데, 그렇다고 이미 자신이 도달한 안정된 상태에 안주하려고만 하지는 않는다. 그의 시집에는, 떠나거나 떠나려는 자의 의식이 도처에 있다. 버리고 떠나고자 하는 곳인 지상은 더 높고 완전한 삶으로 옮아가기 위한 수양의 터전에 지나지 않는다. 그의 〈마음밭〉(「어느 아득한 옛날부터」)에는 〈여기〉에서 성장하여 마침내 높고 밝은 〈저기〉에 이르기를 꿈꾸는 영혼의 씨앗이 자라고 있다. 떠나야 하는 이유는 〈질그릇이 만들어지면서 깨어지는 소리를 준비하듯이 이 몸은 코 앞의 죽음으로 슬픔에 무겁〉(「이 손을 끌어가소서」)기 때문이며, 〈임의 배를 타지 않고는 가도가도 우리는 죽음뿐〉(「이 몸이 가는 길은 어디입니까」)이기 때문이다. 그리고 〈당신이 저를 부르시는 목소리가 들려옵니다〉(「비 개인 이른 아침」)에서 확인하는 바와 같이 그가 어렵게 교통한 위대한 존재는 쉼 없이 그를 부르고 있기 때문이다. 그리하여 시인의 〈임〉은 그를 길 위에 서도록 한다. 〈임〉은 스스로가 곧 〈길〉이기도 하고(「비 개인 이른 아침」), 〈길〉을 가르쳐 주는 존재(「길을 모르면」)이기도 하다.

시인이 이렇게 간절히 닿기를 바라는 〈저기〉가 우리에게도 전혀 낯선 어떤 곳은 아닌 것 같다. 〈이제 떠나온 자만이 돌아갈 수 있기에 그 기쁨에 사무쳐 눈물이 솟기어 오릅니다〉(「어둠 속에서 달이 떠오릅니다」)라는 구절은 시인이 꿈꾸는 〈저기〉가 우리 모두가 떠나온 근원적인 땅이라는 사실을 시사한다. 혼자만의 구원을 위해 고생스러운 길을 찾아 나서지 않았던 것이다. 그렇다면 우리도 떠나왔으므로 그를 좇아 그곳으로 돌아갈 수 있으리라. 〈당신을 사랑함은 물이 낮은 곳으로 흐르듯 사람들이 사는 세상으로 돌아가는 일입니다〉(「당신을 사랑함은」)라는 구절이나, 〈임께서 마련하신 우리들의 집으로 다 함께 돌아갈 사랑의 날은 아직 기다려야 합니까?〉(「꿈을 깨고 나면」)라는 구절은 더욱 뚜렷이 너그러운 시인의 생각을 전한다. 그곳은 〈사람들이 사는 세상〉이며, 〈우리들의 집〉이다. 그래서 구도의 하루하루는 다음과 같이 진행된다.

> 날이 저뭅니다. 일손을 거두고 머리 이로 낮게 떠가는 새들의 울음소리를 쳐다봅니다. 그저 평범한 하루였습니다. 밥을 먹고 일하고 돌아가는 강가에서 만나는 바람만큼이나 낯익은 하루이지만, 언제나 부지런히 깨어 있어 마음이 끌고 가는 수레를 지켜봅니다. 임이시여, 탐욕과 성냄과 어리석음의 진흙땅에 바퀴가 빠지지 않도록 인도하소서. 무슨 일인들 어떻겠습니까? 이 수레를 잘 몰아가는 일만이 당신을 사랑하는 일입니다.
>
> —「마음이 끌고 가는 수레를 지켜봅니다」

시인은 평범한 일상에서 이루어지는 삶의 조용한 진전을 느낀다. 삶의 점진적 상승은 〈마음이 끌고 가는 수레〉의 궤적과 같다. 그는 속세의 나날이 〈탐욕과 성냄과 어리석음〉에서 벗어나기를 기도한다. 그와 같은 장애가 수레의 갈 길을 막고 걸음을 더디게 하기 때문이다. 조용히 조금씩 길을 나아가는 시인의 수레가 이윽고 〈저기〉에 당도하기를 빈다. 다시 나는, 시와 문학을 떠나서, 허성욱이 삶의 더 밝은 빛과 더 높은 길을 얻기를 진심으로 바란다. 그래서 시를 썼던 한 시절을 대수롭지 않게 추억하게 되기를 바란다. 시는 때로 험한 세속의 기록에 지나지 않으므로, 그래서 더 높은 정신의 경지에 닿기 위한 도구로 쓰일 수도 있으므로.

허성욱의 시에는 경이적인 측면이 있다. 그의 시를 훑어본 사람이라면 한용운의 『님의 침묵』을 떠올리지 않을 수 없다. 그의 시는 어조에서나 어투에서나 외형에서나 한용운의 시와 많이 닮았다. 그래서 새로움에 높은 가치를 두는 사람은 허성욱의 시를 높게 평가하지 않을지 모른다. 그러나 새로움만이 시를 평가하는 절대적이거나 유일한 잣대인 것은 아니다. 한용운의 시가 현재성을 갖는다면, 그 시의 특징을 잘 포섭한 시 역시 그만한 가치를 갖지 않을까. 오늘 한용운의 『님의 침묵』이 읽기 좋고 마음을 울리는 시라고 생각하는 사람이라면, 허성욱의 시가 그렇지 않을 까닭이 없다. 경건한 삶의 태도와 헌신적인 사랑의 몸짓은 언제까지나 본연의 가치를 다하지 않을 것이다. 한용운은 그것을 이른 해 전에 썼고 허성욱은 오늘 그 맥을 이으며 자신의 소리를 더하고 있다.

4. 낮은 곳에서 깨어 있는 기쁨

이만식의 새 시집에는, 꽤 책을 읽은 사람들이 모인 하루 저녁의 술자리에서 서너 차례는 있을 법한 놀라운 재담들이 각기 훌륭한 시의 외장을 두르고 등장한다. 다시 말하면 능히 스스로를 비웃을 줄 아는, 세상일을 재치 있게 뒤집어 볼 줄 아는, 그리고 내상과 거리를 자유자재로 밀고 당길 줄 아는 지적인 정신의 잔치가 거기에 있다. 그의 시가 가볍다는 뜻이 아니다. 그만큼 그의 시가 지적인 독자들에게 친근하다는 뜻이다. 그의 시에서 보는 바와 같은, 또는 조금 더하거나 덜한, 저마다 타고난 감각으로 거침없이 말하는 그런 종류의 술자리 한 구석에 내가 앉아 있었다면 나는 많이 공감하고 많이 웃었을 것이다. 특히, 「참지 마」「전쟁사」「실패한 성공」「숙녀 찾음」「언젠가 또 한 손바닥이 있어」「유혹의 학교」와 같은 시에서 더 그렇다.

시집을 열면 우선 시인의 가족들 얼굴이 지나간다. 사람을 알 수 있는 방법 가운데 하나는, 그와 가까이 지내는 사람을 살피는 것이다. 그들과 어울릴 때 그의 말과 표정을 함께 듣고 볼 수 있으면 더욱 좋다. 시를 읽음으로써 알 수 있는 그의 성품을 매력적이다. 가족들과 한가로이 산책을 하다가 놀이터의 그네에 앉아 문득 깨닫는 〈나이 사십이 되도록 / 편안한 마음으로 그네를 / 타 본 적이 없다〉(「그네」)는 사실이나, 자신의 생애를 돌아보며 〈41년간의 치열한 격전 끝에 / 많은 상처를 안고 살아남았다〉(「상처만, 기억만」)라고 중얼거리는 모습은 그가 어떤 세대에 속하는지를 선명히 보여준다. 그의 삶은 항상 쫓기는 것이었으며, 살아남기에 급급한 것이었던 모양이다. 사고와 병으로 학교에 나오지 못하는 제자의 소식을 듣고 평소 그에게 했던 말을 되새기면서 〈살아 있는 동안 살아 있는 것이 즐거우면 되는데〉(「지영이가 또 아프다」)라고 밝히는 구절은 허무주의적 진술 이상의 뜻으로 읽힌다. 나는 자유로운 독자의 한 사람으로서 이 구절을 마음대로 확대 해석한다. 과연 미래의 무엇을 위해 오늘을 고달프게 살 필요가 있는 것일까. 이와 같은 생각이 온 세상에 유포되면 이 찬란한 도시와 문명은 난장판이 되고 이윽고 폐허가 되겠지만 그런들 또 어떤가. 미래의 보상은, 특히 바깥에서 강요된 미래의 꿈은 얼마나 우리를 억압하는가. 살아 있는 것이 즐거우면 된다고 중얼거릴 때 그는 젊은이를 가르치는 어른의 자리에 있는 것이 아니다. 세상이 아무리 어두워도 정치가, 성직자와 함께 교육자는 마지막까지 희망을 말해야 하는 직업이다. 이렇게 말하는 그는 세상을 아주 낮은 곳에서 바라보고 있는 것이다. 끊임없이 낮은 곳에 서 있으려는 그의 의식이 〈그래 혼자다 나도 그렇다 점점 더 혼자다〉(「점점 더 혼자다」)라는 깨달음에 이르는 것은 자연스럽다. 그리고 마침내 〈언젠가는 죽는 그런 죽음뿐이다〉(「그리고 말이 있었다」)라는 놀랍고도 두려운 진리, 곧 천기天機에 접근한다. 나는 그의 단정과 깨달음에 한 마디도 반박하고 싶지 않다. 이렇게 그의 새 시집을 휘두르고 있는 정신의 울타리는 죽음과 깊은 관련이 있다. 그의 일상에 관한, 삶에 관한 비판적 성찰은 죽음에 대한 비판적 성찰의 다른 이름이었던 것이다. 이를테면 〈우리가 죽을 존재임을 잊지 말자〉라는 경구가 시를 쓰는 그의 머리말에 크게 적혀 있을 법하다.

재기에 차 있고, 시의 고전적 규정에서 자유로운, 또는 자유롭고자 하는, 그래서 때로는 그 흔적이 작위적이라 느껴지기조차 하는 그의 시편들은 읽는 이를 편하고 재미있게 한다. 나도 그 중 한 사람이다. 그러나 괴팍한 내 취미는 시집에서는 특이하다고 할 한 편의 시를 가려낸다. 나는 이 시가 이만식 시세계의 무게 중심에 있다고 생각한다.

슬픔이 서 있었다

낡은 가방을 비스듬이 들고
목이 긴 검은 구두를 신고
머리를 땋아 앞으로 늘어뜨리고

평범한 얼굴의 소녀가
사람이 많은 버스 뒷자석에 앉은
내 앞에 그저 서 있었는데

나는 악착같이 슬픔을 보았다

그녀는 울고 있거나
그녀의 표정이 심각하거나
아주 피곤해 보였다는 말이 아니다

그저 저녁 9시에 알맞은 피곤과
초겨울에 알맞은 솜씨 있는 복장과
도시 한 구석을 달리는 버스에 어울리는
그 소녀에게서
난 슬픔의 힘을 본다

그 슬픔이 천천히 손을 들어
따뜻하게 한 남자를 품에 안는다
가슴을 열어 한 아이에게 젖을 먹인다

—「슬픔의 힘」

이 시에서 문제가 되는 것은 왜 시인이 버스에서 만난 소녀를 〈슬픔〉 자체라고 보았는가 하는 점이다. 이 궁금함의 답은 천천히 음미해서 읽을 때 이 시의 배후에서 조금씩 배어 나온다. 낡은 가방, 목이 긴 검은 구두, 앞으로 늘어뜨린 땋은 머리로 이 소녀의 신분을 미루어 생각하기는 곤란하다. 약간 넘겨짚자면 교복을 입은 여학생이 아닐까 하지만, 결코 장담할 수 없다. 가방, 땋은 머리, 검은 구두가 짐작을 뒷받침하기는 하지만 튼튼하다고 말할 정도는 아니다. 확실한 것은 그녀가 겉모습을 야단스럽게 꾸미지 않는 소녀라는 것이다. 아직도 그 소녀를 〈슬픔〉이라고 볼 근거도 나타나지 않았다. 그녀는 울고 있지도, 심각하지도, 피곤해 보이지도 않다. 단지 그녀는, 다섯째 연을 참고하자면, 저녁 아홉 시의 버스 안에서는 누구나 그러하듯이 조금 피곤했을 뿐이었다. 〈초겨울에 알맞은 솜씨 있는 복장〉이란 얼마나 주관적인가. 그러므로 이 사실이 시인에게 슬프게 보였다고 독자가 판단할 근거는 없다. 마지막 연에 가까워지면서 슬픔이 소녀와 분리된, 그러나 아주 밀착된 무엇임은 점점 또렷해진다. 그 슬픔은 그녀를 살아 있게 하고 그의 미래를 있게 하는 무엇이다. 운명일까. 마지막 연은 순전히 시인의 머릿속에서 진행된 장면을 그린다. 이는 미래를 투시한 결과이다. 미래의 시간에서 그녀는 한 남자를 〈따뜻하게〉 품에 안아 주고, 〈가슴을 열어〉 한 아이에게 젖을 먹인다. 그 한 아이는 한 남자와 그녀 사이에서 태어난 아이일 것이다. 그녀는 한 남자와 한 아이를 만나게 될 운명을 가졌고, 그것을 조종하는 것이 슬픔이며, 슬픔의 힘이다. 시인은 여자의 운명을 슬픔이라 본 것일까. 나는 자유로운 독자의 권리로 더 생각해 본다. 이때 남자와 아이는 여자에게 종속된다. 이 여자를 슬픔으로 투시하는 일은 사람의 운명을 슬픔으로 투시한 일과 다르지 않다. 시인은 이쁘거나 아름다운 한 소녀를 보았고 그 호감으로 그녀의 운명을, 나아가 끝없이 이 세상에 줄이어 태어났고 태어나고 태어날 사람의 운명을 보았다. 그것은 슬픔의 고리이다.

5. 독자의 행복

난삽하고 단면적인 눈으로 사십대 시인 세 사람의 좋은 시집들을 나는 읽었다. 그들의 시집은 각각 아름답고, 믿음직스럽고, 재미있는 면모를 앞세우고 있다. 어떤 시인은 서정시의 고전적인 외형과

품격을 자랑하며 다양한 주제를 감당하는 넉넉한 역량을 보여주고 있었다. 그의 중심은 말과 짜임새를 다스리는 능력에 있으며, 그곳을 근거로 하여 상당히 먼 곳의 지형까지를 탐사하고 있었다. 현재 그 모습은 충분히 뜻 깊고 자랑스럽다. 그러나 이 시인의 탐사는 지금 사방으로 열려 있는 형국인데, 가까운 어느 날 그 향방이 어느 한 쪽으로 모아져 더 멀고 깊은 탐사가 되기를 기대한다. 반면 다른 한 시인은 시선을 좁혀서 특별하고도 절박한 세계를 깊이 밀고 나갔다. 그래서 그의 시가 가리키는 세계는 사람이 구할 수 있는 가장 높은 지경에까지 이른다. 그의 길에는 세상은 번잡한 일들이 자취를 감추고 자연의 가장 선명한 구도와 관계가 자리 잡는다. 나는 그의 기구가 문학 바깥의, 문학보다 위에 있는 무엇을 꿈꾸는 것이라고 믿는다. 그러나 나는 그의 문학을 걱정할 필요를 전혀 느끼지 않는다. 삶은 언제나 문학보다 크다. 그의 삶이 이룰 것은 문학이 이룰 것보다 클 것이다. 또 다른 한 시인은 세상과 자신을 함께 비틀어 보고 엎어 보고 하면서 즐거워한다. 그러나 즐거운 표정 뒤에 숨겨져 있는 슬픈 표정을 나는 더 가슴 아프게 보았다. 그가 세상을 아무리 허무하게 보더라도 그것이 그가 문학으로 할 수 있는 가장 깊은 사랑의 표현임을 알기는 어렵지 않았다. 그가 세상을 본 방법과 삶을 슬퍼한 결과에 나는 깊이 동의한다.

신문과 방송의 보도는 아직도 세상 어딘가에 우리가 알지 못하는 많은 것들이 살고 있음을 알려준다. 학계에 보고된 적 없는 곤충과 풀들이 깊은 산중에서 드물지 않게 발견된다고 한다. 아무에게도 들키지 않고 사람이 붙인 억지 이름 없이 세상을 살다가는 동물과 식물이 얼마나 더 있는 것일까. 이름 없는 짐승과 나무와 풀들은 얼마나 자유로울까. 이름 없는 시인들은 얼마나 자유로울까. 세 시인은 비록 시인으로 이름이 알려져 불행해졌지만, 그들이 잃은 행복은 독자의 몫으로 돌아온다. 어떤 시인들에게 시는 삶의 방법과 구별되지 않는다. 그래서 독자들은 즐겁게 세상과 삶을 배운다. (1997)

지옥에서 살아가기

—박제천 시집 『푸른 별의 열두 가지 지옥에서』,
천양희 시집 『하루치의 희망』

1.

시 쓰는 일은 세상을 어렵게 살아가야 하는 사람들에게 주어진 위로의 선물인가, 아니면 멍에인가. 동서고금을 막론하고 기쁨을 구가하는 시보다 고통을 호소하는 시가 더 많은 까닭은, 삶의 조건이 원천적으로 고통스럽기 때문인가, 아니면 시를 쓰는 인간이 가진 마음의 모양이 죄다 그렇기 때문인가. 아무튼 문학의 울타리 안에서는 인간의 조건 또는 삶의 분위기가 아프고 서러운 것이라는 사실에 대한 대체적인 합의가 있는 듯하다. 그래서 때로 시는, 비명이기도 하고 신음이기도 하고 소리 없는 울음이기도 하다.

서른 해 넘게 시를 써 오며, 지난봄에 새 시집을 낸 박제천, 천양희 두 시인의 시도, 여전히 아프고 착잡한 삶의 기록으로 읽힌다. 두 시인에게 똑같이 〈지금 여기〉의 세계는, 궁극적 삶의 가치에 이르는 길에서 잠시 들른 잠정적이고도 불완전한 경유지일 뿐이다. 〈지금 여기〉는 더럽고 불길하고 을씨년스럽다. 그래서 시인은 마음에 들지 않는 세상을 견디며 살아가기 위해, 독특한 속마음의 공간을 장만하려 애쓴다. 이 영역을, 박제천은 더 적극적으로, 상대적으로 천양희는 소극적으로, 형성하고 또 탐구한다. 그곳은 스스로를 위로하는 자리이면서, 벌을 참아내는 자리이다.

2.

〈시인은 상상과 언어로 하나의 세계를 형성한다〉라는 명제가 참이라면, 박제천의 경우는 그 마땅한 예이다. 그는 나름의 독특한 세계를 이미 형성하였으며, 스스로 그 세계의 주재자이며 조물주이다. 그는 거기서 이루어지는 모든 역사의 전지전능한 주인공이다. 그러나 그의 세계는 상상과 언어만으로 쌓아올려진 것이므로 허구일 수밖에 없다. 텅빈 구조인 것이다, 적어도 〈지금 여기〉의 제약 속에 고스란히 있는 우리에게는. 실제 그가 꽃이 되고 새가 되고 하늘이 되는, 또는 신선이거나 조물주인 장면을 목격한 적이 없음을 독자들은 잊지 않는다. 모든 것을 이루는 이는 시인이 아니라 시에서 말하는 이이다. 겉으로는 말하는 이와 시인과 일치하는 것이 사실이지만, 속도 그렇지는 않다. 이야기하는 이는 초월적 존재이며 동시에 상상의 존재이다. 이런 형편은 시인이 간직한 꿈과 소망의 굴절된 표현이며, 시인의 정신적 지향을 표시하는 계기의 바늘이라 할 수 있다.

스스로가 형성한 세계 한 가운데에 선 시인의 모습은 자신에 차 있고 때로 오만하다. 과연 그의 오연傲然한 기개는 천상천하유아독존天上天下唯我獨尊 또는 정천이지頂天履地라 할 만하다. 그래서 그는 세상의 어둠과 추위와 고통을 〈혼자 깨어서 듣는〉(「차를 마시며」)다고 말하며, 〈나와 같은 이의 눈에는 무지개 빛 무지개가 떠 있〉(「무지개 빛 무지개」)다고 말하며, 〈이 한 장 백지의 우주에 / 나는 문득 색색의 크레용으로 / 내가 사는 나라의 강과 산, 사람들과 / 그들의 감정을 그려 나간다〉(「백지의 우주」)라며, 하나의 세계를 형성하는 장면을 넌지시 자랑하기도 한다. 그런가 하면, 누구의 눈에도 띄지 않는 투명한 집이 〈그래도 내 눈에는 보인다〉(「지옥의 집」)라고 으스대기도 한다. 이 집은 시인의 정신이 세운 집이며, 형체 없이 시공을 초월하여 있는 비의적 공간인 셈이다.

박제천이 형성한 세계는 천국의 면모를 가지고 있다. 그가 꼭 그렇게 말하지는 않았지만, 새 시집의 여남은 시편에서 〈열두 가지 지옥〉이라는 비유를 통해 드러낸 현실 세계의 성격을 고려할 때, 천국과 지옥의 맞섬은 뚜렷해진다. 그에게 현실 세계는,

> 허리까지 그곳에 빠져들고 나서야
> 나는 겨우 깨달았지
> 이런 삶이 얼마나 불쾌한 건지
>
> —「즐거운 지옥」에서

에서와 같이 음험해서 기분 나쁘다. 그래서,

> 처음엔 내 살아온 삶부터 들추어 보았지
> 마음 가볍게 거슬러 되돌아가며
> 발 끝에 채이는 더러움쯤은 무시하고
> 마술의 날개 혹은 인형의 꿈을 되찾기로 하였지
>
> —「낯선 지옥」에서

처럼 과거를 살핀 후 이 구차함과 더러움을 무시하고 새로운 길을 찾기를 결정한다. 이 새로운 길로 시인은 상상과 언어를 통한 허구의 세계를 선택하게 된다. 이제 현실의 세계는 시인에게,

잘 모르는 삶이지만 익숙하게 팔짱을 끼기로 했지

—「낯선 지옥」에서

에서 보듯이 한없이 사소한 무엇이 되어 한 켠에 젖혀진다. 현실의 세계를 떠나 초월적, 상상적 세계를 형성하려는 그의 작업은 〈영혼을 시도 때도 없이 스스로 단근질하는〉 일이며, 〈진흙 속에 뿌리를 박아 정결한 연꽃을 피워〉내는, 힘겹지만 숭고한 가치를 지닌 일이라고 한다. 마침내 그는 〈100억년 전에 지구가 태어나던 그 아침에 나는 무엇을 했던가 나에게 물으며〉와 같은 구절에서 보듯이 시간을 초월한 세계에 서게 되며, 동시에,

이슬방울 속에 떠오르는
내 얼굴, 내 눈동자
내 눈 속에 어려비치는
바람과 공기의 숨소리를 느꼈네
나는 문득 이 세상의 아름다움을 생각해 보았네

—「해가 되는 이슬의 힘」에서

와 같은 자애自愛의 공간에 선다. 그가 말하는 〈이 세상의 아름다움〉은 현실의 세계에서 유추되었지만, 일체의 문제적 갈등이 소거되어 있다는 점에서 허구의 성격을 말하고 있음이 틀림없다.

그가 하나의 허구적 세계를 형성했다는 사실을 수용할 때, 그의 시에서 간간이 눈에 띄는 비과학적 언술은 비로소 이해된다. 그는 현실 세계의 과학적 진리마저 조금씩 변형해 그의 세계로 받아들임으로써, 그 세계가 독자적인 원리를 갖도록 한다. 「없음의 지옥」에서

〈천문학자〉는 새로운 은하의 탄생을 〈선포하〉는 사람으로 등장한다. 과학자로서 천문학자는 무엇을 〈선포〉하는 사람이 아니다. 그는 발견하는 사람일 뿐이다. 지구가 포함된 은하계가 첫 번째 은하라고 할 수도 없으며, 우리 은하가 이 시의 표현처럼 〈6천5백 광년 거리의 하늘〉에서 하나의 은하가 생겨나기 전까지 유일한 은하였던 것도 아니다. 우주에는 이미 발견된 것만으로도 수많은 은하가 있으며, 아직 발견되지 않았을 뿐, 인류가 가진 망원경의 가측거리 너머에 얼마나 더 많은 은하가 있는지 알 수 없다. 또 「물 혹은 시간에게」에서 〈습도 80%라면 공기의 80%가 물이라는 뜻이다〉라고 시인은 쓰고 있다. 이것은 과학적인 사실이 아니다. 습도는 공기 중에 녹아 있을 수 있는 물의 최댓값을 100으로 했을 때 그에 대한 현재의 비율을 나타내는 수치이다. 그래서 특정한 공간에서 포화 상태에 이른 습기의 양은 온도에 따라 달라지기도 한다. 단적으로 말해 습도 100%라고 해서 물속은 아니다. 습도 100%가 넘으면 그 넘은 만큼은 이슬이 된다.

나는 그의 시에서 드물게 발견되는 비과학적인 진술을 보면서 조금 당황한다. 그러나 그의 시에서 진술의 과학적 정오 판단은 큰 뜻이 없다. 문제가 되는 곳을 과학적으로 틀림없이 고친다고 해서 시의 줄기가 달라지지는 않기 때문이다. 그의 관심은 과학적 대상에 과학적 사고 방법으로 접근하는 데 있지 않고, 골자는 항상 다른 곳에 있다. 그는 독특한 세상 읽기의 방식을 가지고 있다. 그 방식은 앞서 말한 세계 형성의 과정에서 이미 선택되고 변용된다. 그는 현실 세계의 공리公理마저 자신의 프리즘으로 굴절시켜 허구의 세계에 적용한다. 우리는 그의 시를 읽으며 이상하고 색다른 나라를 흥미 있게 구경할 수 있다.

그의 작업은 그래서 외롭다. 새 시집의 해설을 다른 사람에게 맡기지 않고 스스로 썼다는 사실이 나에겐 외로움의 증거로 읽힌다. 훌륭한 평론가들이 그의 시를 해설하고 평했음에도 불구하고 그는 썩 만족스럽지 않았던 모양이다. 그렇다고 하더라도 스스로 시를 해설하는 일은 자연스럽지 않다. 〈시인은 시로 말할 뿐, 시 밖의 말은 군더더기〉라는 금언은 습작교실을 떠나서도 어지간히 유효하다. 불편한 모양을 감수하며 상세한 해설을 손수 쓴 그의 정성과 외로움은 보상이 있을 것인가.

> 우리가 사는 이 세상 어디에서는
> 지금도 누군가 달은 달, 사슴은 사슴이라 제대로 말하고
> 숨어 있는 하늘 밖의 별, 웅크리고 있는 핏속의 섬들을 제대로 찾아내고
> 살아 있는 것들의 사라짐과 나타남을 제대로 챙기고 있다
>
> —「새해 새 세상에는」에서

현실의 세계는 〈불쾌〉한 곳이며, 〈더러움〉에 가득 차 있다. 그런데 이 세계에서 진실을 말하고 숨겨진 소중한 무엇을 찾아내고 섭리를 챙기는 이가 있다고 한다. 위 시 전편을 읽으며, 〈우리가 사는 이 세상 어디에서〉 옳고 바른 일을 하고 있는 이가 바로 시인임을, 적어도 이 시인을 포함한 적은 수의 사람임을 눈치 채기는 어렵지 않다. 이와 같은 자애自愛 또는 자애自哀, 그리고 신념은 그의 시에 밑거름이 된다. 하지만 그의 비애와 외로움은 현실세계에서 다 보상받기 어려울 것 같다. 그가 이 세계를 지옥으로 보고 있기 때문이다. 그에게 상상과 언어의 텅빈 구조 즉 허구의 세계는 단순한 허구가 아니라, 그의 정신에 비추어진 진정한 초월적 세계 즉 천당의 계시로

받아들여진다. 그래서 그가,

> 이 걸음의 끝, 어디쯤에서 나는 도망쳐 하늘로 떠오를지도 몰라라
> —「가을길 걸으며」에서

와 같이 갑자기 현실의 세계를 떠나 그리운 천당에 이르게 될지도 정말 모른다는 생각이 든다. 그는 유배된 신선인가. 그는 〈아무도 모르는 우표를 한 장〉을 삼으로써, 〈나는 갑자기 / 이 세상 어두운 곳마다 눈을 내려쌓이게 하는 / 하늘님의 눈나라를 다녀오고 싶어〉(「우표를 들여다보며」)와 같은 충동을 달랠 수 있다. 그러므로 현실 세계에서는 외로워도 상상과 언어의 세계에서 그는 누구보다도 넉넉할 것이다.

3.

천양희의 새 시집은 차가운 웃음으로 가득 차 있다. 이 차가운 웃음은 대부분 그를 포함해 우리 모두가 몸담고 살아가는 세계의 부조리를 향해 있다. 이즈음 그의 관심은, 삶의 상처를 쓰다듬으며 슬퍼하는 데서 나아가 세계의 상처를 살피는 데 있다. 김혜순 시인이 해설에서 이미 썼듯이, 새 시집을 압도적으로 채우고 있는 차가운 웃음은 주로 말놀이를 수사적 무기로 삼고 있다. 말놀이가 천양희의 시에서 영 낯설지는 않지만 이처럼 전면적으로 한 시집을 채우고 있음은 그냥 보아 넘길 일이 아니다. 예를 들면,

> 비오면 젖은 몸
> 햇빛까지 佛행하리

—「佛행하리」에서

에서 불행의 동음이의어인 불행不幸과 불행佛行은 성공적인 의미의 대조를 이룬다. 그러나 항상 이렇게 성공하지는 못한다. 이를테면,

빙그레가
즉시 미소를 잃는다
미소 공동 작전이
실패로 돌아간다
빙그레 돌아간다

—「모나리자의 나날」에서

와 같은, 〈프로 야구단 빙그레〉와 〈슬쩍 웃는 미소〉와 〈미국과 소련의 美蘇〉 등으로 이어지는 동음이의同音異義, 이음동의異音同義의 변주 속에서 재치와 기지 이상의 느낌을 맡지 않다. 천양희가 새 시집에서 보여주는 말놀이는 그가 뛰어난 언어감각을 가지고 있다는 사실을 알려주나, 그의 의도로 짐작되는 세계적 규모의 부조리를 고발하고 풍자하는 일을 썩 효과적으로 수행하고 있다고 여겨지지는 않는다.

아아, 절망엔 완벽함이 없다
절망절망, 절절 끓는 분노
분노할 때보다
냉소할 때 나는 괴롭고

—「佛행하리」에서

그의 말처럼 〈냉소〉는 자신을 향하든 세상을 향하든 절망을 없애는 좋은 방법이 못된다. 수와 양의 면에서 이 시집을 압도하고 있는 말놀이가 얼마간 나를 실망시키고 있음에 반해, 몇 편의 차분한 시들은 눈길을 끈다. 이를테면 십년 만에 들른 고향에서, 공장이 들어서고 시인이 아끼며 품어온 추억의 실마리들이 흔적도 없어져 버린 사정을 본 허탈감을 담담하게 이야기하는 「고향에 돌아와도」는 독자를 불러 시인의 옆자리에 앉힌다.

봉숭아 꽃물 손톱 밑에 붉고
탱자꽃 흰 달처럼 순결하던 마을
풋사랑에도 현기증 났었지
여름밤이면 멍석에 누워
모닥불 사이로 별 헤었지
별 헤다 잠들면 꿈결에도
토담길 돌아가는 네 휘파람 들렸지
다정하신 아버지 대학생 때
시인 된 나를 자랑하셨지

—「고향에 돌아와도」에서

세상은 변하고, 우리가 아끼는 것들은 사라져 간다. 사람들이 저마다 소중하게 여기는 성장의 단편들은, 그 기억의 뿌리를 이루는 공간의 구체적 사물을 상실하면, 생기를 잃고 시들어 부서진다. 사진 한 장 남지 않은 추억은 얼마나 아슴한가. 어릴 적 살던 집을 돌아보며, 사람들은 시간을 여행하는 수레에 오르기도 하는 것을. 하나도 남다를 것 없는 추억의 뿌리들, 〈봉숭아 꽃물〉, 〈탱자꽃〉,

〈풋사랑〉, 〈별〉, 〈토담길〉, 이 사소한 물건들과 사건들은 개인의 기억 속에서 배타적으로 중요하다. 그런 물건들은 왜 쉽게 없어지는가. 아끼는 것들이 사라지는 것을 보며 우리는 분노하지만, 받아들이지 않을 수도 없다.

철로길이
두 갈래로 뚜렷하다
저게 하나가 되기에는
탈선이 따른다
길과 길이 마주 보며
처음으로 안심한다.

—「동행」에서

재미있는 생각이 새겨진 위 시구는 그러나 가슴 아프다. 이렇게 순치하고 합리화하며 우리는 살아간다. 〈하나〉가 되지 못하는 것을 그럴 수도 있다고, 바라는 것을 모두 얻을 수는 없다고 생각하게 되면 세상을 상처 없이 살아갈 수는 있다. 교과서에 적힌 이야기, 그리고 스승과 어른이 하는 이야기를 그대로 좇는다면 사람들은 평안히 살 수 있을 것이다. 그 교훈들은 하나같이 세상을 곱게 보고, 있는 그대로를 인정하라고 한다. 아무도 그것이 패배이고 항복일 수 있음을 말하지 않는다. 천양희가 이즈음 도달한 〈안정〉이, 이러한 교훈에 이끌린 패배이며 항복인 것은,

아무리 애써도 올라가지 않고
아래로 아래로 미끄러지는

그것이 즐겁다

—「놀이터에서」에서

에서도 확인된다. 이와 같은 구절을 나는 함께 즐거워하며 읽을 수 없다. 그의 안정은 〈다시는 태어나지 않기를〉(『사람 그리운 도시』의 「默想 1」) 기원할 정도로 아프고 힘겨운 길을 지나 이른 결론이기에 오히려 서글프다. 그는 이제 어머니, 스승, 어른의 목소리로 교훈을 말한다. 이는 한편으로 쓸쓸하고 안타깝다.

패배의 냄새가 강한 〈안정〉과 〈평안〉보다 오히려 눈길을 끄는 것은, 〈너희들이 / 내 속을 어떻게 알아〉(「아침에 일어나니」)와 같은 낯익은 구절들이다. 나아가, 〈지나친 시간도 상처는 씻지 못한다〉(「여름강」)와 같은 구절은 쉽사리 순치된 안정을 보여준 예의 시구와 팽팽히 긴장한다. 이전의 시집에서 천양희가 보여준 갈등에 찬 세계의 연장선에서,

이 세월에
끝까지 싸울 최후가 있는가
돌아오지 않는 흔적도 길인가
끝도 없는 슬픔까지
길이 되는 나에게
슬픔 하나 더 보태지 마

—「그러지 마」에서

와 같은 구절은 하나의 새로운 매듭이 된다. 지금 여기의 삶은 목적도 없이 우리를 〈끝까지 싸우〉게 만들고 〈끝도 없는 슬픔까지 길〉이

될 만큼 불길하고 어둡다. 〈갈등〉과 아울러 천양희가 새 시집에서 보여주는 이러한 〈냉소〉와 〈안정〉 등의 여러 얼굴은 현실 세계에서 이어지는 지난한 삶에 대한 모색의 자취라고 할 수 있다. 그러나 그에게는 어느 것도 만족스럽지 못하다.

왜 그렇게 되었는지
알 수 없다. 몇 년째 짓던 집
완성하지 못했다. 가슴을 헐고서라도
짓겠다던 맹목의 집 한 채
길도 내지 않고 담장부터 높였다
오늘도 어딘가 못박는 망치 소리
빈 통 같은 내 머리를 두들긴다
이게 분명 내 집이 아니다

—「아니다」에서

이렇게, 맹목의 집일지언정 〈내 집〉을 지을 수 없을 때, 시인은 전혀 다른 세계를 꿈꾼다. 천양희가 꿈꾸는 세계는, 〈정작 보고 싶은 건 / 내 어머니 가신 나라〉(「두 발이 뿌리처럼」)에서, 또는 〈아버지 집 그립다 / 그 속으로 들어가면 / 내 생에 낀 성에 / 닦고 계신 아버지〉(「아버지의 나무」)에서처럼, 포근한 어버이의 품과 관련이 있다. 어버이의 포근한 품을 앗긴, 그래서 기댈 아무런 근거가 없는 현실은 지옥과 비슷하리라. 그는 박제천처럼 여기를 〈지옥〉이라고 바로 말하지는 않지만,

내일이면

웃자란 슬픈 것들

승천하듯 지상으로 올라가리

—「佛행하리」에서

와 같은 시구로 그런 종류의 생각을 드러낸다. 〈승천하듯〉 올라가는 곳이 〈지상〉이라면, 지금 여기는 어디인가. 〈땅 밑〉 곧 지옥이다. 그의 현실은 〈불치함으로 / 겨우 살고 있〉(「그러지 마」)는 곳일 따름이다. 그가, 〈올라가고 싶은 하늘에 / 한살림 풀어 놓고〉(「갈매기를 보는 아침」)와 같은 상상과 미래에 대한 희망만으로도, 차가운 웃음을 거둘 수 있고 거짓의 안정을 떨칠 수 있고 분노를 거둘 수 있기를, 지옥의 동지인 우리 모두 결국 그렇게 되기를 빌자.

4.

지금 여기는 정말 지옥인가. 그런 것 같기도 하다. 그렇다면 이 지옥을 견디는 우리들의 무기 가운데 꿈과 상상도 있을 것이다. 사실 이들은 무기가 아니라 최소한의 위로인지도 모른다. 박제천과 천양희 두 시인은 서른 해 넘게 시를 써 오면서 아직도 지옥을 아주 벗어나지는 못해 나가는 길을 찾고 있다. 그렇다면 꿈도 상상도 또 그 둘을 모두 끌어안고 있는 시도 이 지옥을 벗어나게 할 믿을 만한 무기나 밧줄은 아닌 모양이다. 그러나 언제까지나 이 무기를 내려놓지 않고 이 밧줄을 놓치지 않는다면, 우리는 궁극에서 어디론가 갈 수 있을 것이다. 적어도 언젠가는 어디론가 떠날 수 있다는 행복한 환상이나마 가질 수 있는 것이다. 천양희의 시구, 〈그러나 환상은 중요하다〉(「쓰레기를 버리며」)처럼 환상이 지옥과 천국을 연결하는 다리의 존재를 믿게 할 수도 있을 것이다.(1992)

한글세대 시인의 지형과 도법

—이성복 시집 『그 여름의 끝』,
강창민 시집 『물음표를 위하여』

1.

생각이 깊은 시인은 저축척低縮尺의 상세한 시의 지도를 펼쳐 보인다. 저축척의 지도는 고축척의 지도에 비해 같은 구역을 훨씬 큰 종이에 담아야 하며 그래서 많은 정보를 전한다. 이는 배율이 높은 돋보기로 사물을 들여다보는 것과 원리가 같다. 저축척의 지도는 처음 보아서는 무척 복잡하다. 그러나 다소의 노력을 감수한다면 길을 찾는 데, 달리말해 세상의 지리를 이해하는 데에 실질적인 도움이 된다. 시인은 저마다의 방위표와 범례를 갖고 있다. 그러나 그것들은 실제 지노의 경우와는 달리 기계적으로 제시되지 않으며, 꼼꼼히 읽어서 찾아내야 한다. 시를 이해한다는 일은 이 숨겨진 방위표와 범례를 찾는 데서 출발한다.

최근 출간된 시집 두 권, 이성복의 『그 여름의 끝』과 강창민의 『물음표를 위하여』는 10년 이상의 경륜을 가진 중견시인이 장만한 시세계의 지형을 독자적인 도법으로 보여준다. 이성복의 지도는 범례를 숨긴 채 험준한 골짜기들을 도시하고 있다. 어느 지점에서도 그의 지형은 쉽게 조망되지 않는다. 한 골짜기에서 다른 골짜기로 이동하는 일이 쉽지 않다. 편한 길이 마련되지 않아서일 것이다. 강창민의 지도는 비교적 평지의 지형을 담고 있다. 그는 도시와 강의 모양에 깊은 관심을 가지고 있으며 변두리에 바다를 둔다. 어떤 지점에서는 상당히 넓은 시계를 가질 수 있으나, 그 바탕은 매우 황량하고 어둡다.

2.

이성복이 1980년대 우리 시단에 던진 의의는 빛난다. 그 무렵 시를 공부하던 이들은 그의 시를 하나의 신호탄으로, 새로운 땅에 이르는 획기적 항로로 받아들였다. 개인적으로 나는 『뒹구는 돌은 언제 잠 깨는가』(1980)에 실린 「어떤 싸움의 記錄」과, 계간문예지에 실린 후 두 번째 시집 『남해금산』(1986)에 실린 「신기하다, 신기해, 햇빛 찬연한 밤마다」라는 두 편의 시를 각별히 기억한다. 앞의 작품은 강렬한 서사적 긴장 속에서 진행되는 충격적인 내용 때문이며, 뒤의 작품은 가벼운 상상력의 행보 속에 담긴 세계에 대한 근원적인 질문의 무게 때문이었다.

그러나 십년 동안 이성복의 시는 많이 달라졌다. 삶의 충격적 진실을 대담하게 이야기하고, 상투화된 온갖 우상을 뿌리째 흔들던 그의 몸짓, 그리고 그의 의식을 지배하던 〈허무〉는 이제 쉽게 드러나지 않는다. 그들은 어떤 신념에 의해 대체되었다. 그 신념은 간단한 윤곽으로 잡히려 하지 않으나, 범신론 또는 자연신앙 등의 징후를 보인다. 세 번째 시집 『그 여름의 끝』에서는 앞서 말한 서사적 긴장은 약화되어 있으며, 그 시들이 가진 경험의 질은 상대적으로 추상적 관념적이다.

세상에는 사람들이 살고 있는 가장 더러운 진창과 사람들의 손이 닿지 않는 가장 정결한 나무들이 있다 세상에는 그것들이 모두 다 있다 그러나 그것들은 함께 있지 않아서 일부러 찾아가야 한다 그것들 사이에 찾아야 할 길이 있고 시간이 있다

—「산」

이처럼 그의 관심은 처음 〈사람들이 살고 있는 가장 더러운 진창〉에서 비롯하여, 이제 〈사람들의 손이 닿지 않는 가장 정결한 나무〉로 옮아갔거나 적어도 〈가장 더러움〉과 〈가장 정결함〉의 이원적 고려를 받아들인다. 주목할 만한 것은 〈세상에는 그것들이 모두 다 있다〉는 생각이다. 형이상학적 공간 속에서 초월적인 진리를 상정하거나 반대의 공간에서 실천적인 진리를 취하지 않는 묘한 언덕에 그는 서 있다. 두 대립항은 함께 섞여 있는 것이 아니라서 〈일부러 찾아가야 한다.〉 그러나 실재를 인정한다고 해서 발견을 낙관할 수는 없다. 문제의 본질은 〈가장 정결함〉이 쉽게 찾아지지 않는다는 데 있다. 사람의 손이 닿으면 이미 그 나무는 〈가장 정결한〉 것이 아니기 때문이다.

그대 목소리 듣고 강가로 나왔을 때 봄풀이 우거진 먼 언덕에서 내가 선 모래톱까지 하늘이 와 닿았네 강은 한 줄기 팍팍한 흐름이었네 […] 밀렸다가 다시 돌아오는 모래들의 중얼거림, 그대 품은 너무 깊어 나는 거기 흐를 수 없었네

—「강가에서 1」에서

〈그대〉는 목소리로 존재하며 〈강〉으로 그 형상을 드러낸다. 그러

나 강은 〈팍팍한 흐름〉이어서 모래들의 접근을 막는다. 강의 깊이로 표상되는 〈그대 품〉은 시의 화자에게 거리감을 느끼게 할 뿐이다. 이 시에서 강은 건너야 할 장애물이거나 관조할 만한 아름다운 자연이 아니다. 그 깊은 속에는 찾아야 할 무엇이 있다. 무엇이 있는가?

> 깊은 물 속으로, 더 깊은 물 속으로 내려서면서 우리는 발끝으로 당신의 가슴 언저리를 더듬었습니다 이명처럼 오랜 날들이 지나고 우리가 닿은 곳은 당신의 河口였습니다 […] 맑게 닦인 모래알처럼 고운 당신의 웃음이 우리를 받았습니다
>
> —「강가에서 2」에서

물속은 낯선 세상이다. 지상의 세계가 아닌 어떤 세계는 상상이나 몽환이 아닌 경우 그 낯설음의 양태는 물속과 비슷할 것이다. 그곳은 우리의 생물적 삶을 항구적으로 지속시켜줄 우호적 조건을 갖추고 있지 않다. 우리가 현세적 제약에서 벗어날 수 없는 한 물 속은 죽음을 의미할 뿐이다. 나는 잠수의 경험을 잊지 못한다. 기괴한 음향과 의지할 견고한 것이 없는 부유의 상태, 그것은 대단히 두렵고 소름끼치는 것이었다. 사람에 따라서는 그 특별한 느낌을 즐기기도 하고 생물학적 조건이 허용하는 최대한에 적응함으로써 즐거움을 얻기도 할 것이다. 어쨌든 이성복은 깊은 물속에 거대한 당신이 있으며 〈발끝으로〉 〈더듬〉을 수 있다고 말한다. 그리고 그 이상한 세상에 오래 견딤으로써 〈당신의 웃음〉을 얻는다. 물속에 존재하는 거대한 형상은 강과 바다에 걸쳐 있다. 그러나 그 모습은 뚜렷하지 않다. 〈가슴 언저리〉이거나 〈웃음〉으로 희미하게 드러날 뿐이다.

「발」은 「강가에서 2」와 거의 같은 발상에서 쓰였지만 〈당신〉의 인격을 드러내고 있다는 점에서 다르다. 〈나〉는 〈당신〉이 거기 있다는 사실을 확인하고 싶어 하나, 〈당신〉이 놀랄 것 같아 조심하며 한편으로는 〈당신〉이 서운해 할까봐 걱정하기도 한다. 〈나〉와 〈당신〉은 〈발 뻗으면〉 닿을 수 있을 만큼 가까이 있으나 그 이상의 만남을 가로막는 어떤 제약이 있다. 시의 문면에 그 제약의 단서는 없다. 적어도 이 시에서 그러한 제약은 중요하지 않은 것이다. 이 시의 정황은 재미있는 설정으로 이루어져 있으나 이를 통해 시인이 말하려 한 것을 무리 없이 찾아내기는 어렵다. 이러한 난맥은 연애시풍의 많은 시편에서 고루 나타난다. 이 시들은 어렵지 않은 말로 어렵지 않은 상황을 담고 있으나, 그 내면구조는 대단히 형이상학적이며 난해하다. 의미들이 인과적 연관을 완강하게 숨기고 있으며 하나의 작품이 설정하고 있는 상황은 다른 작품을 읽는 데 구체적 도움이 되지 않는다.

> 우리가 헤어진 지 오랜 후에도 내 입술은 당신의 입술을 잊지 않겠지요 오랜 세월 귀먹고 눈멀어도 내 입술은 당신의 입술을 알아보겠지요 입술은 그리워하기에 벌어져 있습니다 그리움이 끝날 때까지 닫히지 않습니다 내 그리움이 크면 내 입술이 열립니다 우리 입술은 동시에 피고 지는 두 개의 꽃나무 같습니다
>
> —「입술」

실패한 사랑은 추상화되고 신비화되어 있다. 실패한 사랑의 상처는 앞선 두 시집에서도 적지 않게 등장하는 소재이다. 그러나 시인은 상세히 그 전말을 얘기하려 않는다. 그의 자유이지만 둘러말하는

정도가 심해져 이제는 독립된 세계를 이루는 형편이 되었다. 되새김의 단초를 제공했던 실제의 경험은 희미해지고 그 상상작용의 양식만이 남아 자기운동을 계속한다.

> 종이 위의 물방울이
> 한참을 마르지 않다가
> 물방울 사라진 자리에
> 얼룩이 지고 비틀려
> 지워지지 않는 흔적이 있다
>
> —「느낌」에서

〈한참을 마르지 않〉던 물방울이 사라지고 종이 위에 남은 흔적이 시인으로 하여금 시를 쓰게 하는 것이리라. 이제 그의 연시풍의 시들은 복잡한 양상으로 형상을 바꾼다. 때로 초자연적 실체에 대한 경외의 감정으로 충만하기도 하며, 대단히 구체적인 그래서 때로는 너무나 구체적인 것에 치중하여 인과의 문맥을 잃어버릴 정도로 특수화한 장면으로 드러나기도 한다.

이성복이 초기에 보여주었던 〈허무〉와 〈회의〉의 지반에서 자리를 옮겨, 어떤 밝고 긍정적인 지평을 절실히 구하고 있다는 심증을 가질 수는 있었으나 그것의 정체를 뚜렷이 찾을 수 없다. 단서를 찾아보자.

> 넘어지면 매달리고 타올라 불을 뿜는 나무 백일홍 억센 꽃들이 두어 평 좁은 마당을 피로 덮을 때, 장난처럼 나의 절망은 끝났습니다
>
> —「그 여름의 끝」

섬과 섬이 만나 자식을 낳았다 끝없이 너른 바다를 자식 섬은 떠돌았다
어미 섬과 아비 섬을 원망하면서…… 떠돌며 만난 섬들은 제각기 쓸쓸했고
쓸쓸함의 정다움을 처음 알았을 때 서둘러, 서둘러 자식 섬은 돌아왔다
어미 섬과 아비 섬이 가라앉은 뒤였다

—「섬」

「그 여름의 끝」과 「섬」은 시인의 의식이 서 있는 자리를 일정하게 암시하고 있다. 백일홍의 꽃도 백일이 지나면 지는 것이 순리이다. 시의 화자는 고통스러운 여름을 보내고 있었으므로 여름 석 달을 피는 백일홍의 개화는 절망의 격렬한 진행이며, 절망의 잔치인 셈이다. 〈그 여름의 끝〉은 곧 절망의 마감을 의미한다. 「섬」에서 보이는 부모에 대한 원망은 이성복의 초기 시들이 보여준 철저한 〈우상 불신〉 또는 〈우상 파괴〉를 연상하게 한다. 긴 방황 뒤에 모든 〈섬〉들이 〈제각기 쓸쓸〉하며 그 자체의 〈정다움〉이 있다는 것을 깨닫게 된다. 이 시의 뼈대가 되고 있는 〈방탕한 아들의 귀환〉은 오랜 역사를 가진 문학의 주제이지만 이성복의 문맥 속에서 다시 새롭다. 위 두 편의 시는 이성복이 어렵게 얻은 성숙한 시계를 보여준다.

이 글에서는 의도적으로 연시풍의 작품들을 소홀히 했다. 너무나 구체적이어서 몽환적인 이성복의 연시를 논의할 능력이 나에게 없다는 것을 고백하지 않을 수 없다. 그의 시가 시대를 앞지르고 있기 때문일까? 그렇다면 『뒹구는 돌은 언제 잠 깨는가』가 주었던 새로움과는 좀 다른 문맥일 것이다. 나는 그렇다고 장담할 자격도 자신도 없다. 단지 동시대의 감각으로 보아 그의 시가 관념의 영역에 눈에 띄게 기울어져 있다는 정도를 말할 수 있겠다. 이는 시어나 표현이 관념적이라는 말과는 다르다. 시어나 표현은 오히려 동시대

의 다른 시인들의 시에 비해 쉬운 편이다.

현재의 성과는 썩 동의하기 어려운 것이기는 하나, 형이상학적 세계에 대한 이성복의 도전은 그 자체로 의의가 있다. 이만한 의욕이 결실을 맺을 때 우리 시는 몇 길 더 깊은 지형을 얻게 될 것이다. 젊은 날의 방황과 절망을 정면으로 겪으며 일정한 극복의 과정을 치르고 도달한 새로운 출발의 입지는 자랑스럽기까지 하다. 이성복에게 거는 기대는 참으로 크다.

3.

강창민의 두 번째 시집 『물음표를 위하여』에 실린 시들은 간결한 말투 속에 세상과 삶의 가벼움을 담아내지만, 그 바탕에 대단히 어둡고 회의적인 현실 인식이 깔려 있음을 읽기는 어렵지 않다.

> 우리는 물이었다네
> 한데 갈퀴질하며
> 갈라졌다가 다시 모여
> 휘휘 돌며 솟구치던 물이었다네.
>
> —「우리는」

〈물〉은 자유로우면서도 동류의 일체감을 잃지 않는 이상적 존재의 표상이다. 물은 사물과 생명에 고루 간여하며 역동적으로 살아 있어 자기정화까지 행할 수 있다. 그러나 시인은 〈우리가 물〉인 조건이 과거의 일임을 여러 번 잘라 말한다. 이제 〈우리〉는 〈물〉이 아니다. 위 시의 시제를 현재로 바꾸고, 술어를 부정형 또는 불가능태로 바꾸면 또다른 〈참〉이 된다. 강창민의 현실인식 틀은 긍정의 줄기에 〈물〉을 두고 그 반대의 줄기에 현재 인간이처한 조건의 부정적 요소 전부를 둔다.

> 서울을 떠나는 강을 보아라
> 햇빛 찬란히 우울한 겨울 아침
> 썩은 서울을 버리고
> 땀에 전 따스한 손깍지를 풀고
> 뒤돌아보지 않고 떠나는
> 강물의 푸른 엉덩이를 보아라.

—「수원수구 1」에서

슬픈 이별의 장면이다. 〈서울〉은 썩었고 〈강〉은 서울을 〈뒤돌아보지 않고 떠〉난다. 강은 〈서울〉을 도무지 용납할 수 없는 모양이다. 이는 시인 자신이 용납할 수 없다는 말과 같다. 시인은, 앞서 인용한 시 「우리는」에서 보듯이 〈우리〉가 〈물〉이었던 기억을 소중히 간직한 채 현재의 부정적 조건에 괴로워하는 사람이다. 같은 문맥에서 〈버려진 사람들이 켜켜로 쌓여 / 냄새를 풍기며 타고 있〉(「소리죽여 우는 강」)는 서울을 보며 〈소리 죽여 우는 강〉도 바로 시인 자신이다.

> 어둔 강을 건너며
> 녹고 있었다.
> 녹아도 다시 그대로.
> 한여름 서울 한복판에서
> 녹고 있었다.

—「여름 눈사람」에서

「여름 눈사람」은 〈한여름 서울 한복판〉에 〈눈사람〉을 두어 환경에 적응하지 못하는 존재의 그림을 보여준다. 〈눈사람〉은 시인의 의식이다. 한여름 이전에 이미 녹아버려야 할 것이 남아 아직도 녹고 있으며 〈녹아도 다시 그대로〉라서 끊임없이 녹고 있다. 대단히 고통스러운 형벌이거나 자학이다. 녹아야 할 것은 빨리 녹아야 한다. 〈한여름 서울〉이 마음에 들지 않는다고 해서 〈눈사람〉인 채로 버티는 것은 마땅한 거부의 방법일 수 없고 애당초 가능한 일도 아니다. 눈이 녹아 물이 되는 것은 양면성을 지닌다. 하나는 현실에 타협 또는 패배하는 것이며, 다른 하나는 본원적인 것의 회복이다. 시인의 물의 회복을 꿈꾼다. 강창민의 시에서 자주 나타나는 〈눈〉과 〈비〉도 이 양면성에 영향권 속에 있다.

강창민이 도시에 갇혀 하염없이 슬프고 어두운 노래만 부르고 있는 것은 아니다. 「다시 쓴 쪽지」에서, 그는 〈바다〉와 〈땅끝〉에 닿고 싶어 하는 열망을 보인다. 거친 산을 넘어 닿을 〈바다〉와 〈땅끝〉은, 시인이 용납할 수 없는 도시 현실을 떠난 어떤 곳이리라. 그러나 기약이 없다. 기약 없는 미래는 어둡고 절망스럽다.

> 뭍짐승이 죽으려 할 때
> 물 속으로 뛰어들고,
> 물짐승이 죽으려 할 때
> 물 밖으로 나온다.
> 나는 물짐승일까, 뭍짐승일까?
>
> —「슬픈 노래」

〈내〉가 물짐승이라면, 〈뭍〉에 살아있는 이 시간이 죽음의 과정에

해당한다. 반대로 〈내〉가 뭍짐승이라면 〈물〉을 찾아가는 지난한 길은 죽음에 이르려는 노력이다. 시적 의미에서는 〈내〉가 물짐승이든 뭍짐승이든 다 참이므로 상정된 두 조건은 문제의 본질과 무관하다. 중요한 것은 〈물〉과 〈뭍〉, 두 세계의 존재와 의미 그 자체가 아니라, 상반하고 대립하는 두 세계가 함께 있다는 사실이다.

> 바람이 불었다.
>
> '죽고 싶어'라고 속삭였고 나는 듣지 않으려 노래를 불렀다. 바람은 내 옷깃을 들치고 머리칼 흩날리며 여자처럼 속삭인다. 나는 싫다고 소리치려 했지만 '나도 그래'라고 말해버렸다. 그때 강이 보였다. 번쩍거리며 흘러가는 시간이 바람에 일렁이며 애드벌룬처럼 떠 있는 새 한 마리를 본다. 하늘에는 바람이 낄낄거리며 '너 혼자 죽어'라며 내 귀를 간지럽혔다. 나는 돌멩이를 집어던졌다. 강이 더욱 번쩍거리며 와그르와그르 사랑처럼 깨지기 시작한다. 나는 붉은 사과가 먹고 싶었다. 왜 지금 사과가 먹고 싶은지 모른다. 마른다. 강이 마르기 시작하자 바람은 더 불지 않는다.
>
> 바람이 불었다.
>
> —「아름다운 노래」

〈강〉은 시간이 흘러가는 강이다. 〈바람〉은 시인을 가만히 내버려 두지 않고 괴롭히는 현실의 조건이다. 인간의 조건은 〈강〉으로 드러나는 시간적 제약과, 〈바람〉으로 드러나는 공간적 제약 속에 있다. 시인은 순진하게도 〈바람〉의 꼬임에 빠져 죽기 싫으면서도 죽고 싶다고 말하게 된다. 자신을 통제할 수 없고 자기의 의도와 상반되는 말을 하게 만드는 현실은 답답하다. 〈내〉가 던진 돌멩이로 〈강은 더욱 번쩍이며 사랑처럼 깨〉어진다. 이는 시인이 원했던 결과가 아닐 것이다. 강에서 흐르고 있는 시간이 번쩍거린다는 것은 이 시의 문맥 속에서 아름다운 풍경이 아니다. 그것은 매우 도도하고 거만한 모습이다. 번쩍거리는 강이 〈사랑처럼 깨지기 시작〉하는 장면도 시인을 놀리는 것과 다르지 않다. 그래서 승리나 앙갚음이 아니라, 사랑의 깨어짐처럼 쓸쓸하고 착잡한 기억의 반추가 될 뿐이다. 이와 같은 사면초가의 형편에서 무엇을 할 수 있을까? 가능한 일 가운데 하나는 거의 잃어버리다시피 한 생명의 근원을 생각해 보는 것일 것이다. 시인은 〈붉은 사과〉가 먹고 싶어진다. 생명을 키우는 자양으로 둘러싸여 소중하게 보관되는 씨앗은 절박하고 진실한 상징이 아닌가? 그래서 이 시는 〈아름다운 노래〉가 된다.

4.

1990년대에 이르러 우리시는 여러 측면에서 대단히 새롭고 이질적인 세대를 중견 시인으로 맞아들이게 된다. 문자교육의 측면에서 〈한글세대〉라고 부르기도 하고 정치사적 측면에서 〈해방이후 세대〉라고 부르는 바로 그 세대의 시인이다. 대체로 이들은 그 앞선 시대의 시인들에 비해 행복한 세대라고 볼 수 있다. 불행했던 앞 시대의 시인들이 지녔던 모국어에 대한 혼돈과 자신 없음, 그에 따른 조심스러움이 그들에게는 없다. 그들에게 모국어는 선택 이전의 문제였던 것이다. 모국어에 대한 그들의 자신감이 반드시 긍정적인 모습으로만 보이는 것은 아니지만, 모국어에 대한 경건함과 대응하는 친근함과 발랄함은 새 세대의 시인이 보여준 중요한 특징이 아닐 수 없다.

강창민과 이성복이 소속한 이 세대는 1970년을 전후한 시대에 습작을 했으며 그 후반기에 시를 발표하기 시작하였다. 적어도 말에 관한 한, 자신에 찬 그들의 발랄한 어법은 앞선 시기와 그들의 시기를 명확히 구분하게 하였고, 만만하지 않은 성취를 이루며 오늘에 이른다. 1990년대의 벽두에 간행된 강창민의 『물음표를 위하여』와 이성복의 『그 여름의 끝』은 우리 문학사가 그 세대에 맡긴 짐이 결코 그들의 역량에 넘치는 것이 아님을 보여준다. 그러나 아직도 그들의 책무는 무겁다.(1991)

3

작품들

아름다운 어둠

—최하림 시 「다시 구천동으로」

반딧불이들이 밤이면
불을 켜고 날아다니는
구천동 길에는 검은 침묵으로
지은 트레인재즈라는 카페가 있고
칡덩굴과 오리나무와 싸리나무 밤나무
포도밭 너덜들이 있다 그 길과 나무들은 어두워져가는
하늘로 뻗어가고 있다 헤드라이트를
켜고 나는 구불구불 산허리를 돌아
긴다 라이트 속으로 들어오는 나무들은
검은 수평선을 배경으로 金木樹처럼
번쩍거리고 어느날 우리들이 함께
보았던 검은 산과 검은 집과 검은
언덕을 흑백사진처럼 떠올린다
길과 나무들이 있으므로 우리는
길속으로 들어가 검은 산과 검은
집을, 검은 마을을 볼 수 있다

서쪽 하늘로 날아가는 검은 새들도
볼 수 있다 나막신같은 하현달도
잠시 볼 수 있다 우리가 달과
새들을 보는 사이 어둠은 계속 내리고
가을이 깊어져서 싸리나무 이파리들이
무시로 떨어지고 썩어간다 오오
구천동이여 너는 마침내 떨어지고
썩어 구천으로 간다 오늘밤 나는
정말로 구천동을 구천동이라고 외친다
나의 외침속으로 반딧불이들이 붉은
불을 켜고 날아오르며 내려간다

—「다시 구천동으로」(『현대시학』 2000년 11월호)

어둠은 아름답다. 도시에서 자란 사람들은 더할 수 없이 캄캄한 어둠, 완전한 어둠을 알지 못할 것이다. 전기가 없던 시절 마을의 그믐밤이나 비오는 밤은 그랬다. 나는 아주 어릴 적 그 어둠을 보았다. 그 어둠은 흔히 적막과 함께 있었다. 그야말로 무명無明과 적멸寂滅이었다. 정말, 아무 것도, 보이지 않는, 세상. 완전한 어둠 곧 검음은 그렇게 아무 색도 없는 것이다. 이에 비해 흰색은 모든 색이 다 있는 것이다. 완전한 어둠, 무명은 우리 존재의 근원을 가리킬 수도 있고, 따지고 말 존재조차 없는 어떤 근원적이고 절대적인 공허를 가리킬 수도 있다. 신을 믿지 않는 사람, 특히 인격적인 신과 그가 지배하는 또 다른 세상을 믿지 않는 사람들은, 죽은 후 우리의 영혼이 가는 곳, 아니 영혼조차 없어지는 자리를 어둠, 무명이라 말하기도 한다. 그렇다면 그 자리는 애초 우리가 온 곳이며 우리가 나기 이전부터 있었던 곳일 것이다. 또 그 자리는 우리의 육신과 영혼의 존재 여부와는 상관없이 원래 있는 무엇일 것이다. 우리는 저 강물 위에 어른거리는 듯한 가는 물안개 한 가닥, 다시 그 속의 작은 수증기 한 알갱이에 지나지 않는지도 모른다. 이 수증기 알갱이 하나가 다른 알갱이들과 만나 이슬이 되든, 혼자 끝없이 바람에 떠올라 구름이 되든 별로 중요하지 않을 것이다. 물리학자 스티븐 호킹은 우주를 탐구하다가 무신론자가 되고 말았다. 그는 어둠, 무명의 진리를 알아버린 것인지도 모른다.

그러므로 어둠은 우리가 돌아가 사라질 곳이다. 우리는 그곳에서 왔고 그곳으로 갈 것이다. 막막한 어둠은 죽음을 떠올리게 한다. 최하림 시인이 지난 늦가을에 쓰고 발표한 「다시 구천동으로」는 바로 어둠 곧 검은 세상의 이야기이다. 그는 이 세상의 어떤 곳, 어떤 때, 검은 세상을 살아서 스쳐 지났다. 시행에 드러난 빌미를 모아보면 시인이 경험한 정황은 대개 이럴 듯하다.

전라북도 무주구천동 계곡. 우리 땅 내륙의 가장 깊고 높은 곳. 아직 반딧불이가 자생한다는 몇 안 되는 맑은 곳. 시인은 교체한 침목으로 만든 카페 트레인재즈에서 옛 친구들과, 또는 옛 친구들을 생각하면서 늦은 시각에 술 또는 차를 마셨나 보다. 하현달이 뜨는 밤. 보름처럼 밝지도 그믐처럼 어둡지도 않은 밤. 별빛은 어지간히 보일 듯. 카페를 나서 늦가을의 깊은 산길을 차를 몰아 내려온다. 푸르듯 검은 밤하늘이 있고 지상은 어두운 나무들로 둘러싸여 있다. 검은 포장도로를 또는 어둡고 캄캄한 세상을 자동차 불빛으로 비추며 지나간다. 낙엽은 지금 지기도 하고, 이미 져서 앙상한 나무줄기들만 하늘가에 어지럽게 있다. 시인은 검은 길, 검은 나무, 검은 새를 보고, 검은 산, 검은 집, 검은 마을을 생각한다.

새겨 읽을 구절을 우선, 〈어느날 우리들이 함께 / 보았던 검은 산과 검은 집과 검은 / 언덕을 흑백사진처럼 떠올린다〉이다. 〈우리〉는 오래 전 어느 날에도 어떤 여행의 도반이었을 수 있다. 그 어느 날도 어두운 밤 함께 어떤 곳을 지나갔을 수 있다. 비약해도 좋다면, 추억의 풍경이기 때문에 흑백사진 같을 수 있다. 더 비약해도 좋다면, 오랜 친구들이 함께 세상을 살아오면서 겪은 칙칙한 일, 험악한 일, 서글픈 일들이 그렇게 기억 속에 남아 있을 수 있다. 사실 우리의 삶은 캄캄한 산 속을 겨우 두 개의 불빛에 의지해 지나가는 무엇인지도 모른다. 아래 위, 좌우 온통 어둡고 축축한 세상을 어리석은 두 눈빛에 의지해서 말이다.

그 다음으로 잠시 새겨 읽을 구절은 〈서쪽으로 날아가는 검은 새들〉이다. 이는 확실한 죽음의 상징이다. 검은 새는 죽은 새, 그 새가 날아가는 서쪽은 죽음의 세계, 죽음 이후의 세계. 이제 시인은 아주 캄캄한 세상 한 가운데서 죽음을 생각한다. 늦가을의 밤에는 모든 것이 떨어지고 내려가고 있다. 우리의 삶도 꼭 그렇게 떨어지고 내려가고 있는 것 같다. 이 느낌은 어지간히 사실이다.

이제 검은 색에서 죽음으로 점차 접근하는 이 시의 흐름은 대단원에 이른다. 여기에 〈구천동〉의 상징이 있다. 무주에 있는 지명 구천동의 한자는, 어떤 국어사전에는 〈九天洞〉, 어떤 지도에는 〈九千洞〉으로 되어 있다. 한편 관용적으로 쓰이는 한자어로 〈九天〉, 〈九泉〉 등의 말이 더 있다. 우리말에서 〈九泉〉은 〈저승〉이라는 뜻으로 쓰인다. 실제 지명 구천동은 저승과 아무 상관이 없지만, 시인은 한밤의 구천동에서 저승의 풍경을 본 것일까? 그렇다면 마지막으로 새겨 읽을 구절 〈나는 정말로 구천동을 구천동이라고 외친다〉는 제대로 해석된다. 앞의 구천동은 실제 지명 구천동이며 뒤의 구천동은 저승이다. 취기 때문일까. 늦가을, 깊은 산, 검은 세상을 달리는 차 안에서 명상하는 이순耳順의 시인은 그의 혜안慧眼으로 또는 시안詩眼으로 우리 모두 가고 있는 어떤 세상의 그림자를 보았던 모양이다. 아아, 그 세계가 정말 그렇게 어두운 것일까. 그 어둠은 고통의 묵시인가. 이승 삶의 어둠보다 더 어두울 것인가. 부디 우리 모두 언젠가 가야 할 거기가 적어도 여기보다는 더 아름다운 곳이기를, 여기보다 지내기 덜 힘든 곳이기를.

낮고 가난한 삶을 보는 따뜻한 시선

—이승희 신작

자의로든 타의로든 습작을 오래한 시인들은 장만해 놓은 말들이 많아 살림이 든든할 것이다. 이승희 씨도 그렇게 보인다. 1997년 계간시지 신인상 수상을 등단으로 보면 본격적인 그의 습작기는 10년이 넘고, 1999년 신춘문예 당선을 등단으로 보면 이에 다시 몇 해 더 늘어난다. 등단 자체의 의미를 중시하고 그 시기와 관문을 따지는 우리의 풍토는 미련한 일이다. 특히 이승희 씨처럼 두 가지의 관문을 서로 다른 시기에 거쳤을 때 사정은 복잡해진다. 거의 모든 문예지는, 쓴 사람의 등단 순서대로 글을 줄 세운다. 이는 누군가가 찬찬히 살핀 결과이다. 잘못하면 뒷말이 생기기 때문이다. 옛날의 선비들은 8년 또는 10년 아래위로는 벗 삼을 수 있다고 여겼다. 피식민 경험 또는 군사 문화와 무관하지 않을 것으로 짐작되는 이 날과 시를 다투는 무서운 서열 짓기에서 문단조차 멀리 벗어나 있지 않다. 이 미련함에서 말미암는 혼선이 가끔 이 시인을 피곤하게 할지도 모르겠다. 관행이 으레 그렇듯이 이도 쉽게 바뀔 것 같지는 않다. 이른바 등단 기준을 어느 것으로 하든 상관없이, 발표한 작품이 열 편 조금 더 되는 이승희 씨는 문단의 나이로 아주 젊은 신인임이 틀림없다.

이승희 씨는 곧 발표될 작품까지 모으면 스무 편이 조금 못되는 시를 세상에 내 놓았지만 이미 시집 한 권 분량의 작품을 써둔 사람이다. 나는 그 중에서 이미 발표한 작품에다, 시인의 손을 떠나 조만간 발표될 작품을 더하여 열 입곱 편을 읽었다. 그리고 나는 이 시인이, 오래고 쓸쓸한 습작기를 보람 있게 보냈음을 알 수 있었다. 그의 시는 정련된 언어와 박진한 문장으로, 간단하지 않은 여러 주제를 탐색하고 있었다.

1997년에 발표한 「집에 오니 집이 없다」는 길을 의인화한 재미있는 작품이다. 길은 축적된 인적으로, 가장 본원적인 문명의 흔적이라고 할 수 있다. 범박하게 둘러보자면 고은, 시인 김명인, 강연호 씨들이 길과 그 풍경을 응시하는, 기억할 만한 시를 남긴 바 있다. 고은 씨의 길이 인간의 운명과 관련된 조망과 사색의 대상이라면 김명인 씨의 길은 대체로 미래를 향한 쪽이 밝은 편이며, 강연호 씨의 길은 주로 과거와 넓게 이어져 있다고 할 수 있다. 이에 반해 이승희 씨의 길은 현재적이며 현실적이다. 길이 종종 묘사의 대상이 되고 있음이 그 증거이다. 바로 말하자면 그의 길은 가난하고 외로운 사람들의 삶 또는 그들의 처소가 매달린 줄기이다. 〈나는 길 하나를 데리고 만리동 고개를 향해 간다〉에서 길은 나와 함께 이동하는, 나의 분신에 가까운 무엇이다. 그의 화법대로 말하자면 길은 사람마다 따로 있다. 이는 저마다의 인생이며 삶의 방법일 수 있다. 이 시에서 그가 〈길의 손을 잡고〉 가는 궁극적인 목적지로서 길은 〈연봉파출소 골목〉이다. 이 골목에는 〈벌레 먹은 나뭇잎 같은 창을 달고 / 서로 부둥켜안고 사는 집들〉이 있는데 그 중에 내 집도 있다. 2001년에 발표한 「달 5」에서도 길은 〈논두렁 같은 골목〉으로 이어진다. 〈내려가자, 내려가자, 내려가자며 조금씩 높이만 더하는 길도 / 비탈, 그 비탈을 접으면 새로운 비탈이 되던 삶도 / 골목길 안쪽에선 언제나 따뜻하다〉는 구절에서는 가난한 삶의 공간을 보살피는 시인의 온정이 뚜렷이 있다. 가난하고 외로운 삶을 향하는 시인의 따뜻한 시선은 1999년에 발표한 「방일리 연가」 같이 아름답고 개성적인 시에서 좀 더 적극적인 찬미의 태도를 드러낸다. 이 시는 〈누가 누굴 다스리려 하지 않는다는 것, 무엇이 무엇을 빼앗으려 하지 않는다는 것, 사람살이도 그래야 하지 않느냐고 밤이면 밤마다 묻는 그런.〉이라는 구절로 마감된다. 이런 동네는 우리 모두가 꿈꾸어온 곳이지만 아직 아무도 보지 못한 세상이기도 하다.

이처럼 이승희 씨의 시는 건강하고 밝다. 이는 이 시인의 힘이다. 가난하고 평범한 사람들, 곧 민중적, 서민적 삶에 대한 시인의 호의적 시선은 특히 1999년에 발표한 「할머니가 컴퓨터 속으로」나 「식물기간 3」에서 두드러지는데 그 문학적 성취 또한 높다.

> 이게 뭐냐고, 내 못난 삶을 어쩌라는 것이냐고 컴퓨터 자판을 두드리는데 자꾸만 흙소리가 걸렸다. 흙소리는 글자들마다, 그 행간마다 고랑을 이루기 시작한다. 텃문으로 난 문을 여니 노란 수건을 머리에 두른 할머니 한 분이 묵정밭을 호미로 갈고 계셨다.
>
> —「할머니가 컴퓨터 속으로」(『현대문학』 1999년 4월호)에서

컴퓨터로 글을 쓰고 있는 시인과 밭을 갈고 있는 할머니가 열린 문을 사이에 두고 조우했다. 시인의 상상 또는 몽환 속에서 할머니의 호미는 흙을 갈지 않고 시인이 쓴 글들을 갈아엎는다. 그러자 그 글자들은 넘어져 〈보기 좋게 고랑을 이루며 흙냄새를 풍긴〉다. 할머

니는 잡초를 뽑아버리듯 시인이 쓴 몇몇 글자들도 뽑아 버리신다. 이 시에는 충분히 시적이라 할, 보기 좋은 상상이 있고, 노동의 건강함과 아름다움 앞에 몸을 낮출 줄 아는 겸손한 몸짓이 있다. 시멘트와 페인트에 묻혀서도 싹을 틔우는 풀씨들의 생명력을 기린 「식물기간 3」 또한 같은 맥락 위에 있다. 이 때 풀은 낮고 가난한 이들의 다른 이름이다.

이즈음 이승희 씨가 쓰는 시들은 연작의 형태를 띤 채 좀 더 무거운 생각을 담고자 한다. 「벽제 가는 길」 연작과 「돌멩이」 연작이 그것이다. 전자는 〈누님 만나러 가는 길〉을 주제로 삼고 있다. 여기서 〈누님〉은 열아홉 살 적 방직 공장에서 일한 이래 공장을 전전하며 지금은 가방 공장에서 일하며 늙어가고 있는 사람이다. 이 연작은 〈누님〉을 아직 만나지 않은 채 그에게 가는 길을 노래하고 있는데, 연작의 「1」에서 특히 그러하듯 그 길의 분위기는 어둡고 쓸쓸하다. 연작의 「2」에서는 〈돌멩이〉, 〈화염병〉, 〈평등〉 등 지시 영역이 비교적 명료한 낱말들을 구체적으로 거명함으로써 이 연작이 다루는 사연의 시말과 의도를 노출한다. 연작의 「4」에서는 누님과 〈환장한 봄날〉—여기서 〈환장할〉이 아니라 〈환장한〉 봄날인 점은 눈여겨볼 만한데—을 함께 즐기고 싶다고 말하면서, 과거는 〈세상에 내가나 아닌 것과 다르지 않았던 시간〉이었으나, 〈이제 나는 나 아닌 것들로 나이기만 하〉다며, 현재가 〈불구의 저녁이 기다리는 세월〉이라고 단언한다. 여기서 눈치 챌 수 있는 바처럼 결국 이 연작은 1980년대의 기억을 반추하고 위로하는 후일담의 성격을 강하게 지니고 있다. 이 점에서 후자 「돌멩이」 연작도 사정이 같다. 돌멩이는 시인과 같은 〈장돌 세대〉에게는 흉포한 적을 겨냥했던 무기의 일종이면서 동시에 고집과 신념을 잃은 채 모 없이 닳고 닳은 모습의 비유이기도 하다.

이 연작 시편들은 시인이 꼭 하고 싶은 전언을 담고 있을 수 있다. 그의 젊은 날을 관통했던, 〈장돌〉과 〈화염병〉으로 대변되는 1980년대적 경험은 눈물겹고 뼈저린 것일 수 있다. 그러나 개인적 또는 세대적 체험의 절박함과, 그 문학적 형상화는 별개의 차원에 속하는 문제이다. 나아가 그 형상화의 결과가 보편적 공감을 얻는가는 또 다른 차원에 속하는 문제이다. 낡은 것을 낡지 않게 바라보고 낡지 않게 형상화하는 일은 이승희 씨 앞에 놓인 만만치 않은 과제처럼 보인다. 그는 이 관문을 혼자서 외롭게 돌파하지 않으면 안 된다. 관문을 선택한 이도 바로 그이기 때문이다.(2001)

해 또는 세월과 싸우다

—장대송의 신작

장대송의 시는 세월, 곧 시간과 싸운 기록이다. 이 싸움에서 살아 있는 누구도 이길 수 없음을 우리는 잘 알고 있다. 넉넉하게 잡아서 이백 년을 더 산 사람은 여태 없었으므로 지금 살아 있는 누구도 이백 년 이상 살지 못하리라고 우리는 판단한다. 이는 귀납적으로 판단한 진리이다. 그럼에도 불구하고 우리는 제 나름의 방법으로 세월과 싸운다. 우리는 결국 죽게 될 것임을 알고 있지만, 그 실존적 비극을 가능한 한 잊고 살기 위해 현재의 의미를 극단적으로 확대하고 미화하는 여러 가지 문화적 기제들을 만들어 놓았다. 그러나 사려 깊은 사람들은 이런 장치들이 일정한 의미에서 기만에 봉사하고 있음을 잊지 않는다. 졸렬하지 않은 방법으로 세월과 싸우기, 이는 의미 있는 삶의 방도일 수 있다. 중요한 것은, 패배할 것을 알면서도 싸워야 한다는 사실이다. 이는 내 심장을 향해 날아오는 화살을 끝까지 응시하는 용기와 다르지 않다. 패배 자체를 슬퍼하지 않고 패배의 운명을 무릅쓰고 패배의 몸짓을 뜻 깊게 하는 것, 이는 패배주의가 아니다. 장대송의 신작은 이 세상을 전면적으로 관통하는 파괴적인 시간을 응시하고자 한다. 세월은 모든 것을 조금씩 바꾸어 이윽고 온 세상을 바꾸어나간다. 이는 풍화작용의 일종이다. 이 풍화의 바람결에서 눈을 떼지 않고 바라보는 일, 그리고 그 결과는 기록하는 일은 한 시인이 스스로에게 부과한 과업처럼 보인다.

장대송의 고투는 풍경을 무기로 한다. 그가 좋아하는 풍경은 이 세상에 있을 법한 것에 기초하지만 전혀 새롭게 그의 머릿속에서 만들어진 것이 더 많다. 그래서 그의 시를 읽는 재미는, 상상으로 조작된, 이 독특한 풍경의 숨은 뜻을 살피는 일과 같다. 풍경을 바라보고 고르고 언어화하는 화자의 표정과 몸짓은 우울하다. 그가 우울하게 선택한 풍경들은 대개 모종의 음모를 숨기고 있거나 모종의 음모를 향해 있다. 앞의 음모는 공격과 폭로를 위해 시인이 준비한 것이며, 뒤의 음모는 세월 또는 시간의 간계이다. 요컨대 그의 시에 그려진 풍경은 바로 그에 의해 해석된 풍경이다.

풍경을 무기로 삼아 싸운다는 말은 풍경을 하나의 은유로 이용한다는 말과 같다. 그래서 그의 풍경에서 자주 보이는 사물들은 그가 행하는 싸움의 성격을 이해하는 단서가 된다. 이번에 읽는 신작에서 시인은 〈해〉를 자주 보여준다. 그의 첫 시집 『옛날 녹천에 갔다』에서 빈번히 나타나는 〈빛〉이 더 명료한 사물로 바뀌었다. 신작에서 〈해〉는 세월 또는 시간의 배후이다. 시인의 세월은 양력陽曆인 모양이다. 신작 가운데 한 편인 「두 개의 해」는 〈해〉에 대한 시인의 관심과 이로 말미암은 상상의 궤적을 잘 드러내고 있다.

> 視界가 잘린 아파트 능선에 겨울해가 떠오른다
> 이중 유리창에 흐린 해가 겨울해를 따라 떠오르고 있다
> 겨울해의 여린 빛이 만들어낸 흐린 해, 한 걸음 물러서서 서로 견제하며

움직인다

두 개의 해를 자유롭게 날아다니는 상상을 해본다

—「두개의 해」에서

해를 관찰하는 화자는 아파트 안에 있다. 그는 창유리를 통해 해를 본다. 해와 화자의 눈 사이에는 〈이중 유리창〉이 있다. 이중 유리는 최근 건축물에서 많이 사용되는 창호 재료로, 하나의 창에 겹으로 유리가 끼워져 있어 단열에 효용이 높다고 알려져 있다. 화자는 두꺼운 유리처럼 보이는 이중 유리에 비친 또 하나의 해를 본다. 그러니까 그는 실상과 허상, 두 개의 해를 보고 있는 것이다. 화자는 단순한 물리 현상일 뿐인 이 장면을 〈한 걸음 물러서서 서로 견제하며 움직인다〉고 해석했다. 이어 〈두 개의 해를 자유롭게 날아다니는 상상을 해 본다〉고 썼다. 이 문장은 난맥을 포함하는데, 〈날아다니다〉의 주어인 〈내〉가 생략되었다고 보아 〈내가 두 개의 해 사이를 자유롭게 날아다니다〉로 속 문장을 읽어야 할 것 같다. 그렇다면 두 개의 해 사이를 자유롭게 날아다니고 싶은 화자의 꿈은 무엇을 의미하는가? 그것은 다른 시간, 다른 세계를 향한 시인의 꿈을 반영한 것이다. 인용한 부분 뒤에 석 줄이 더 있는데, 이 마무리 부분은 더 활달한 상상을 보여준다. 더 활달한 상상이란 더 몽환적이며, 더 읽기 어렵다는 말과 같다. 특기할 만한 것은 〈새〉가 등장한다는 점인데, 두 개의 해 사이를 자유롭게 날아다니는 상상에서 이미 〈새〉는 모습이 암시된 것인지도 모른다. 드디어 나타난 새는 〈흐린 해〉, 곧 허상의 해를 향해 날아들지만, 이 허상의 해는 이내 사라져 새는 이중 유리창 속에 갇히는 꼴이 되고 만다. 아무튼 이 시의 거침없는 상상은 꽤 재미있으나 그 결과적 그림을 다 이해하기는 쉽지 않다. 나는 이 난데없는 〈해〉의 마술을, 이 시인이 쓴 다른 시와 연결하여 읽어야 하리라고 생각한다. 〈해〉는 다른 작품에서도 자주 눈에 띈다.

〈해〉는 쉽사리 감지되지 않는 우주적 운행 원리의 물증이다. 또한 적어도 지구에 사는 생물에게 해는 생명의 근원이기도 하다. 우리 문명은 해의 변화를 추적해 세월의 단위를 얻었다. 뜨고 지는 해의 주기로 하루를 삼았고, 뜨고 지는 곳의 위치변화 또는 최고점의 변화를 살펴 그 주기로 일 년을 헤아린다. 그러므로 해는 지구 위에서 생장하고 소멸하는 뭇 생명의 근원이면서 동시에 세월의 화신이다. 시인은 추운 겨울날, 아파트 안에서도 해를 살폈다. 이 말은 우리가 흐르는 시간 속에서 풍화하고 있음을 한 시도 잊지 않는다는 말이다. 그는 잠시 해의 허상에 주목했다. 이는 시간의 주재자이자 화신으로서 해의 절대적 의미를 희롱하고 싶은 의도의 소산이다. 또 다른 시간의 가능성을 꿈꾸는 일이기 때문이다. 그러나 허상은 곧 그 정체를 드러내고 새는 두 겹의 유리 사이에 갇혔다. 이것이 마지막 줄의 내용이다. 그러므로 「두 개의 해」는 세월과 싸우는 시인의 지난한 전쟁에서 일어난, 패배한 작은 전투의 기록이다. 다른 신작 「낮달」에도 해의 허상이 있다.

> 날이 새면 사라지고 말 낮달
> 마포대교 넘어 흑석동 무덤을 헤치고 떠오르는데
> 언젠가 언 돌밭길을 걷다 둑 쏘였던 자리가 욱씬거려 온다
> 온 몸에 죽음 냄새를 바르고 말쑥한 얼굴로 떠오르는데
> 차가운 날씨만큼 먼 곳을 떠돌다 온 애림, 무덤처럼 뭉쳐 몸속을 돌아다니다

낮달이 뜨는 새벽녘
날이 새면 사라질 커다란 어둠을 짐자전거에 싣고 마포대교를 건너는 이가 있다

—「빈 짐자전거」에서

〈낮달〉이 〈해〉와 대비되는 또 하나의 허상이다. 점심때쯤 뜨는 낮달은 반달이다. 이 낮달은 해질 무렵 하늘 한 가운데서 비로소 또렷해져서 자정 무렵에 진다. 새벽에 뜨는 낮달은 하현이나 상현으로 얇고, 해 뜨기 직전과 해진 직후 잠시 눈에 띄며 한낮 해가 밝을 때는 보이지 않는다. 어느 경우나 달은 스스로 빛을 낼 수 없어, 햇빛을 받아 밝은 부분만 우리 눈에 관측된다. 그러므로 달은 완전히 해에게 종속된 운명이라고 할 수 있다. 이 낮달이 화자의 눈에 〈마포대교 너머 흑석동 무덤을 헤치고 떠오르는〉 것은, 화자가 서 있는 자리에서 그럴 수밖에 없는 방위 때문이라고만 말하고 넘길 수는 없다. 사실이 그럴지라도 화자가 이를 특별히 강조하고 있음을 놓칠 수는 없다. 시인이 특별한 해석을 더한 흔적이기 때문이다. 화자는 다시 그 낮달이 〈온 몸에 죽음 냄새를 바르고 말쑥한 얼굴로 떠오른〉다고 썼다. 세월과 싸우고자 하는 시인에게 〈죽음〉은 중요한 주제가 되지 않을 수 없다. 죽음은 세월과 벌이는 싸움의 본질과 핵심에 있다. 모든 살아 있는 것들은 일정한 세월이 지나면 반드시 죽음과 마주치게 된다. 세월과 싸운다는 말은 죽음과 싸운다는 말과 크게 다르지 않다. 그래서 위 인용한 부분의 끝 연은, 우연과 시인의 눈과 상상이 어우러져 만들어낸 아름다운 상징적 그림이다. 달이 매일 조금씩 깎여나가 결국 사라지고, 다시 생겨나 조금씩 커나가는 과정은 해로 대표되는 세월의 풍화작용 앞에 벌거벗고 선 뭇 생명이

겪는 한살이를 상징한다. 인용한 부분 앞에서 한 연이 더 있다. 그 연의 마지막 줄이 〈빈 짐자전거를 끌고 마포대교를 건너는 이가 있다〉인데, 인용한 마지막 연 마지막 줄에서 〈날이 새면 사라질 커다란 어둠을 짐자전거에 싣고 마포대교를 건너는 이가 있다〉로 바뀌었다. 실상은 전자이며, 이를 해석한 허상이 후자이다. 마포대교를 건너는 빈 짐자전거 위에 조금 전 떠오른 낮달이 있어 꼭 짐자전거 위에 실려 있는 것처럼 보인다. 이제 시인의 시야에서 자전거는 비어 있지 않다. 그러나 자전거에 얹힌 짐은 불길하다. 그것은 우리 모두가 나누어지고 있는 〈죽음 또는 운명〉이기 때문이다.

해를 「일식과 흰뼈」에서 다시 볼 수 있다. 이 시에서는, 일식이라는 천체 현상에 당연히 개재되는 해와 달이 등장한다. 알다시피 일식은 해와 지구 사이에 달이 직선상에 끼어들 때 생긴다. 말하자면 달이 해를 가리게 되는데, 이 시에서 집중적으로 다루고 있는 것은 그때 〈몸속의 뼈들〉이 보여주는 희한한 반응이다. 이 시 역시 〈일식이 벌어지는 날〉이라는 정황 정보 빼고는 모두 시인의 상상이거나 해석이다. 그래서 이 시는 다소 몽환적이며 형이상학적이기도 하다. 첫 두 연을 보면 뼈는 달에게 적대적이다. 문면 상의 이유는 달이 해를 가리기 때문인 듯하다. 그래서 뼈가 달을 〈찌르고 있〉다고 썼을 것이다. 꽤 난해한 구절들을 지나면 마지막 줄 〈삶의 가벼움에 짓눌렸던 뼈들이 날아갔다〉에 이른다. 〈가벼움에 짓눌리다〉는 말이 되지 않지만, 〈짓눌리다〉를 〈고통 받다, 억압당하다〉로 바꿔 읽으면, 뼈들이 삶의 가벼움을 못마땅해 했다는 뜻임을 알 수 있다. 그렇다면 〈뼈가, 해를 가리는 달이 못마땅해 살을 털어버리고 달을 공격하다가 어디론가 날아갔다〉를 어떻게 읽어야 할까? 문면을 좇으면, 뼈는 해를 가리는 달과 삶의 가벼움이 싫어서 여러 가지 이상한 행동을 하였다. 달은 해를 가리지 말아야 하며 삶은 무거워야 한다고 〈뼈〉는 믿고 있는 것일까. 다른 시를 읽으며 구성했던 〈세월의 방정식〉을 여기서도 적용할 수 있을 듯하다. 뼈는, 가릴 수 없는, 가려서는 안 되는 어떤 〈진실〉의 편인지 모른다. 설사 그것이 우리를 유쾌하게 만들어 주는 것이 아닐지라도. 더군다나 달은 아주 짧은 순간만 해를 가릴 수 있을 뿐이다. 일식은 한 시간 이내에 끝난다. 세월과 싸워야 하는 시인에게, 또 해에게 이런 달의 행동은 기만으로 보일 수 있다. 그리고 세월과 처절한 싸움을 해야 하는 우리의 삶이 가벼워서는 안 된다고 판단했을 법도 하다. 뼈가 우리의 삶이 끝장 난 후에도 오래 더 남아 있다는 사실은 이 점에서 시사적이다.

「세계의 시각」, 「해질녘의 月門里」, 「세월초등학교」 등의 다른 신작에서도 세월과 싸우는 시인의 전의를 확인할 수 있다. 「세계의 시각」은 뉴스 전광판에 세계의 주요도시 시각이 똑같이 표시된 실수를 추궁하고 있다. 그리고 이 〈고장난 시간〉 때문에 〈뉴스는 없다. 사람들의 손목을 묶은 시간만이 견고하다.〉라는 단정에 이른다. 「해질녘의 月門里」에서는 〈갈 길도 먼데, 짧은 저녁빛이 만들어 대는 빛의 공간이 길을 더 멀게 한다〉는 서정적 진술을 통해 세월의 흐름 속에 휘말린 존재의 근원적 비감을 표현한 후 〈저녁 빛의 시간을 틈타 살다 갈 순 없을까〉라는 아름다운 구절에 이른다. 「세월초등학교」에서는 우리 땅에 실재하는 — 아마 한자는 달랐을 것이다 — 〈세월초등학교〉의 교문에 걸린 학생들의 〈미래 자화상〉을 보면서 〈코팅된 저 견고함 속에 엉성한 세월이 존재하고 있다〉고 하여, 시간 앞에서 무력하기 짝이 없는 삶의 공허를 되새기고 있다. 행간에 숨긴 시인의 회의는 아마, 〈우리에게 미래를 꿈꿀 권리가 있는가〉일 것이다. 어릴 때의 기억 속에 담긴 한 인물의 생존을 담담하게 적은

「낙지할매」에서도 시인은 결구에서 〈그런 시간이 아득하다〉라고 적었다. 이렇듯 시인은 낯선 동네를 여행하거나, 그가 일상의 시간을 보내는 도시에서 어떤 풍경을 찾아내 시에 기록하는데, 그 풍경들은 대개 세월, 또는 시간을 겨냥하고 있다.

장대송의 신작은 애초 그의 시가 지닌 매력을 간직한 채 또한 새로운 세계로 이행하고 있음을 알려주고 있다. 그의 시는 이러저런 세상의 변화에도 불구하고 한 문화의 지적 정점에 선 시가 무엇을 상대로 싸워야 하는지도 아울러 보여준다. 변화를 부풀려 선전하고 위기의식을 조장하는 사람들은 대체로 그 변화에 대한 인식의 확산으로 얻을 것이 있다고 믿을 가능성이 많다. 그들은 변하지 않는 것을 보지 못해 자신의 편견임을 깨닫지 못하고 놀아나거나, 변하지 않는 것을 외면함으로써 그들의 입지를 강화하고자 한다. 우리 문명의 역사는 수 없는 큰 변화를 겪으며 이를 기록해왔다. 변하지 않는 것은 숨어 있어 잘 눈에 띄지 않는다. 시는 변하지 않는 소중한 것을 응시하며, 변한다고 알려진 것의 허구 또는 평범함을 증명하는 소임을 버릴 수 없다. 그런 점에서 장대송의 노력은 소중하다.

장대송은 한 편의 시를 마무리하면서 표정을 바꾸지 않고 다른 곳으로 시선을 돌리는 특징이 있다. 이 시선 돌리기, 또는 시상 전환은 시의 끝 부분에서 잦고 두드러진다. 그렇다면 그의 시에서 중요한 지점은 항상 마지막 줄이라고 해야 할 것이다. 그의 빼어난 시에서는 늘 마지막 줄이 전체를 다시 읽게 하는 힘을 발휘하곤 한다. 그를 마지막 줄에서 승부를 거는 시인이라고 말한다면 과장일까. 시인마다 말을 다루는 장기는 다를 수 있고, 이를 구별하여 즐길 수 있을 때 시를 재미있게 읽을 수 있다. 그러나 때로 장대송의 시는 마지막 줄에 이르는 상상의 끈이 허술할 때가 더러 있다. 그가 지닌 좋은 개성과 습관들이 유다른 풍경을 그려내는 빼어난 화법과 힘을 모으기를, 그래서 독자를 더 기쁘게 하기를 기대한다.(2001)

나무 이야기, 사람 이야기

—이동순의 신작

1.

시인들은 예외 없이 나무와 숲을 사랑한다. 어떤 이는, 사람은 누구나 나무와 숲을 사랑한다고 해야 옳지 않느냐고 물을지 모른다. 사람들은 대부분 나무와 숲을 보고 편안해 하고 즐거워한다. 그러나 예외가 없다고 말할 수는 없다. 적지 않은 사람들이 집을 짓기 위해 나무를 뽑아내고, 조상의 산소를 지키기 위해 베어내기도 한다. 새 인공구조물은 대개 나무를 죽인 자리에 들어선다. 말하자면 나무와 숲의 터를 사람이 빼앗는 것이다. 우리 문명 자체가 나무와 숲에 대해 적대적이라는 사실이 너무도 명확하므로 사람이 예외 없이 나무와 숲을 사랑한다고는 말하기에 우리는 주저할 수밖에 없다.

시인이 나무를 좋아하는 것은 사람들이 대체로 나무를 좋아하는 것보다 훨씬 근원적이다. 선험적이고 직관적으로 나무와 숲이 우리한테 우호적이라는 것을 시인들은 더 먼저 더 잘 알고 있다. 나무와 숲은 기나긴 세월 동안 지상의 생물들에게 먹을 것과 숨을 곳을 제공해 주었다. 지금도 우리는 그 가까이 머물거나 그 사이를 걸어 다니기를 좋아한다. 과학은 나무와 숲에 대한 생물의 친근감이 정서적인 것만이 아니라, 과학적 사실에 의해 뒷받침되고 있음을 이미 충분히 밝혔다. 나무와 숲은 대기의 온도와 성분을 조절하고 기상재해를 막아주어 사람뿐만 아니라 지상의 모든 생물들의 생존을 돕고 있다. 더 거슬러 올라가자면, 우리가 살고 있는 이 별의 환경을 이처럼 수많은 종種과 개체의 생물들이 살 수 있도록 바꾼 것도 식물들이다.

우리는 나무와 숲으로부터 물질적 혜택뿐 아니라 정신적인 혜택도 얻는다. 돌아보면 시인들은 오래 전부터 식물의 형상과 기질을 숭상해왔다. 이들은 옛날부터 매화와 난초와 국화와 대나무를 사랑했다. 단지 자신이 타고난 생장의 양태를 드러냈을 뿐인데, 사람들은 그 양태를 자의적으로 해석해, 고결함과 절개와 인내 따위를 읽어내고 아꼈다. 또한 소나무와 느티나무를 좋아하여 눈에 잘 띄는 곳에 심거나 이들이 잘 보이는 곳에 처소를 두고자 했다. 이뿐인가. 나무들은 그 모습이 사람들이 꿈꾸는 형상을 닮았다. 단지 나무는 좀 더 햇빛을 많이 받기 위해 더 높이 자라고 가지와 잎새를 위로 뾰족했는데, 우리는 이를 더 높은 곳으로 상승하려는 사람의 정신적 갈망을 닮았다고 생각한다.

지난여름 내가 들렀던 한 시인학교 여름 캠프에서는 이느 지명한 시인을 불러 강연을 들었는데, 그 시인은 나무의 모습과 의의에 대해 사랑과 존경의 마음을 숨기지 않았다. 당연하고도 아름다운 일이었다. 그런데 듣고 있던 연세 지긋하신 어른께서 자신이 원예학 전공자라고 밝히고는, 식물들 사이에도 예사롭지 않은 경쟁이 존재하며 다른 생물에게 해로운 일을 하는 종도 적지 않으니 간단하게 좋게만 생각할 일은 아니라고 지적했다. 말하자면 직관을 중시하는 예술가와 사실과 증거를 중시하는 과학이 첨예하게 만났다고 할까.

한 쪽에게 다른 쪽이 난센스로 보일 수 있겠으나, 그렇게 가볍게 생각하고 말 문제는 아닌 것이 사실이다. 나는 나무 또는 식물들이 다른 개체를 해치지 않고 스스로 양분을 만들어 살아간다는 점을 귀하게 보고 싶은데, 어떤 식물이 광합성을 하지 않고, 다른 식물을 양분을 훔치기도 하고, 독소를 뿜어 자신을 보호하기도 하고, 더 높이 자라 하늘을 가려 다른 식물을 못살게 하기도 하고, 곤충이나 짐승을 잡아먹기도 한다면, 얘기는 달라질 수 있다. 그러나 그런 종의 존재와 현상이 식물 전체에서 아주 미미한 부분일 수 있음을 잊어서도 안 되겠다. 그들 사이에도 경쟁은 존재한다지만 이 경쟁을 사람들의 그것에 비할 바는 아니다. 짐승들의 약육강식은 그 종과 개체가 가진 원천적인 사악함의 결과라고 보기보다는 운명적인 것으로 보아야 하므로 이를 논외로 하더라도 사람들이 벌이는 경쟁과 쟁투의 잔인함은 달리 비교할 데가 없다. 어쨌든 지상의 생물들이 빠짐없이 연루된 먹이 사슬의 맨 앞에 식물이 놓인다는 사실은 부정할 수는 없다.

그러므로 시인이 나무를 사랑하는 것은 당연하다. 시인에게 나무는 호감을 주고 매력을 느끼게 할 뿐만 아니라, 특히 오늘에 와서 우리 메마른 삶의 대안으로, 이 파괴적 문명의 대안으로 보인다. 그래서 나무를 사랑하는 시인은 나무를 사랑하는 마음을 옮겨 사람 사랑하는 마음을 키우고, 사람의 세상을 깨끗하게 보려고 노력한다.

2.

이번에 새로 발표하는 이동순 시인의 시는 나무에 대한 깊은 사랑에 연원한다. 그의 눈에 〈나무〉는 그 자체로 존재하는 든든한 지주이기도 하고, 사람의 문명을 얄팍한 것으로 보이게 하는 소중한 거울이기도 하고, 결국 사람의 마지막을 받아줄 너그러운 고향의 상징이기도 하다. 「자작나무 숲」에서는 시인이 나무와 나누는 교감을 뚜렷이 엿볼 수 있다. 그는, 바람에 흔들리거나, 더러 일찍 지기도 하는 나뭇잎들을 보며 그 장면 속에 숨겨진 전언의 내용을 낱낱이 감지한다. 그는 아주 일상적인 숲의 풍경 앞에서, 〈살아 있다는 신호〉와 〈사람에게 전하는 송신〉에 대해 곰곰이 생각하는 것이다. 그는 적어도 이 시에서 잡다한 선입견과 세상사의 아픔을 나무와 비교하거나 그에게 토로하지 않는다. 시인은 백지의 마음으로 나무를 만나고 있다. 그래서,

> 이럴 때 하늘은 나무들의 빽빽한 손짓 사이로
> 파아랗고 해맑은 웃음을 슬쩍 보여준다
>
> —「자작나무 숲」에서

고 말할 때, 끝줄의 〈파아랗고 해맑은 웃음〉은 나무의 표정이면서 동시에 시인의 그것이기도 하다. 반면, 「고로쇠나무」에서 시인이 보여주는 태도는 훨씬 직접적이고 원색적이다. 그는 고로쇠나무에 감정을 적극적으로 이입하고 있다. 이 의인화의 전략은 자연과 사람을 대결시킴으로써 인간의 해악과 폭력을 고발하고 자연의 희생과 너그러움을 강조하는 일이다. 고로쇠나무가 〈터질 듯한 제 앙가슴에 등불을 켜고 긴 밤을 지샌다〉거나, 〈빈 산이 너무 쓸쓸해서 달밤에 혼자 숨죽이고 흐느낀다〉거나, 추운 계절에 〈천길 땅속에서 두레박을 당겨 올린다〉거나, 수액을 빼내는 인간에게 〈보란 듯이 눈물을 철철 흘린다〉고 보는 시인의 눈길이 감상적이고 동정적인 것이 사실이나, 사람이 하는 나쁜 일을 시로 고발하는 방식으로는 적정한

수위를 넘었다고 생각할 수 없다.

「즐거운 일」은 순진무구하고 천진난만한 시인의 정신을 잘 드러내고 있다. 시인은 숲과 나무와 개 등이 벌이는 장난을 보고 즐거워하고 있다. 어려운 말이나, 논리는 흔적이 없고, 아주 쉬운 말과 소박한 마음으로 세상을 즐기고 있는데, 그 정신의 회로 한 가운데에 〈장난기〉가 있다. 이 〈장난기〉는 유머 또는 위트 등의 외국말과 통한다. 세 개의 연으로 이루어진 이 시의 첫 연에서 시인은 〈억새와 가시덤불이 잔뜩 우거져 인간의 흔적을 거의 지우고 있는 광경을 보는 것〉이 즐겁다고 했다. 이렇게 말할 때 그의 속마음은 나무의 편, 숲의 편이지 사람의 편이 아니다. 저 식물들이 우리의 마을과 도시를 송두리째 〈잡초밭〉으로 만든다 해도 그는 즐거워 할 듯하다. 시와 나무를 좋아하는 우리는 이 생각이 하나도 위험스럽다고 여기지 않는다. 두 번째 연에 이르면 시인의 장난기는 더 심해진다. 〈바람에 넘어진 고목〉이 길을 막아서 〈꼼짝달싹 못하고 길게 늘어선 자동차를 바라보는 것〉이 즐겁다고 한다. 오히려 고소한 모양이다. 그리고 마지막 연에서는 〈온몸으로 질주하는 개의 감격〉을 흡족하게 본다. 그렇다면 시인이 지향하는 세상은 어떤 것일까. 반인간, 반속박에 기초한 반문명의 정신일 것이다.

「자두밭」은 나무 이야기에서 사람 이야기로 넘어가는 경계를 보여준다. 이 시에서 자두나무, 즉 오얏나무는 저승에서도 이승의 일로 걱정하는 한 착한 농부를 상기하는 배경이 되고 있다. 그리하여 시인의 사람 이야기는,

> 비는 악사의 추억 속으로
> 소리없이 내린다

눈을 지그시 감고 회상에 잠겨있는
악사의 가슴에서
그의 지치고 고단했던 과거시간이 모두 걸어나와
악기 속으로 황급히
빨려 들어가는 것이 보인다

—「비오는 날」에서

에서처럼 나무처럼 살아온 사람의 모습을 놓치지 않는다. 늙은 악사의 〈과거시간〉은 〈북만주 치치하얼까지 가서 그곳 동포를 울렸다는〉 이야기를 포함한다. 또 시인의 사람 이야기는 「효봉스님의 법문」에서, 어디선가에서 들려오는 신비로운 목탁소리가 바로, 한 입적한 고승이 〈가슴이 답답하고 울적해진 사람〉에게 주는 위로의 말씀이며, 그 뜻이 〈힘내어라 힘내어라 세상살이는 다 그런 것이니라〉임을 능히 알아챌 수 있다.

이처럼, 이즈음 이동순 시인의 마음은 여태 우리가 알지 못한 세계를 찾아내고, 이미 알던 세계와 그 새로운 세계를 잇는데 쏠려 있음을 알 수 있다. 이렇게 분리된, 단절된 두 세계의 연결을 향한 시인의 꿈은, 「복사꽃」에서, 〈복사꽃〉이,

긴 긴 세월을 혼자 캄캄하던 우리네 가슴 한 켠에
그 서러웁던 사연들이 물방울 맺히듯
송글송글 매달려 있던 것이
봄비 끝에 일제히 문 열고 나와 젖은 세상을 홍건히 내다보는
바로 바로 그것이 아닐까요

—「복사꽃」에서

라고 묻거나, 〈끊어진 그 무엇을 잇기 위하여 / 너는 차디찬 바다물에 두 발을 담그고 서 있는가 / 늘 다른 곳으로 가고 싶어하는 / 그 누구를 실어 나르기 위해 / 너는 고단한 등을 구부리고 있는가〉(「다리」)라고 묻는 데서 충분히 알 수 있다. 이러한 시인의 몸짓은,

> 동굴은 마음 속으로 그가 진정 기다리는 단 한 사람이 있었을 것이다
> 오늘 바깥 세상에는 축복처럼 하얀 눈이 소복소복 내리는데
> 나는 마치 동굴이 그토록 기다렸던 사람처럼
> 입구에 작은 발자국을 벗어놓고
> 동굴 속으로 천천히 내려간다
>
> —「내 마음의 동굴」에서

고 말하는 데까지 이른다. 이 시에서 시의 화자가 망설임 없이 동굴 속으로 내려가는 장면은 이제 하나의 선언처럼 느껴진다. 그 선언을 짧게 줄이면 〈자연 속으로!〉이다. 그가 동굴 속을, 또 다른 멋진 세상을, 자연 속을 여행하고 전해줄 좋은 소식을 기다린다. 그것은 재미있고도 뜻 깊은 시의 모양일 것이다.

3.

이동순이 요즘 쓰는 시가 옛날에 그가 쓰던 시보다, 주제의 면에서 가볍고 소박하며, 형식의 면에서 동양화 같은 간결미와 균제미가 돋보이는 것이 사실이지만, 읽기에 썩 재미있지는 않다. 그러나 언뜻 보기에 빛나고 찬란하지는 않아도 그의 시도에는 하나로 수렴되는 일관된 의도가 있다. 나는 이를, 장난스럽고 순진한 삶으로 귀환하고자 하는 것이라고 생각한다. 장난스러운 삶이야말로 이

시대에 필요한 태도일지 모른다. 그러나 그의 시에서 사람의 일이나 자연의 일이 지나치게 단순화되어버린 형편은 마음에 걸린다. 이는 과거 민중적 관점에 기대어 시를 썼던 시인들이 요즈음 보여주는 하나의 패턴이기도 하다. 이는 하나의 함정처럼 보인다. 자연에 기대어 인간을 이야기한다고 해서 자연을 무조건 찬미하거나, 그에 대비되는 사람의 일을 지나치게 단순화해서도 안될 것이다. 사람의 이야기든, 나무의 이야기든, 이를 지나치게 단순화하면 시인의 태도는 더러 돋보일지 몰라도 시는 활력을 잃을 수 있다. 아직 사람의 일은 나무의 일 같지 않기 때문이다. 내용이 단순하고 형식이 간단하면, 모호하고 복합적인 사람의 일을 다 담아내기 어렵다고 나는 생각한다. 차를 고치는 연장으로 시계를 고칠 수는 없기 때문이다. 내 노파심 탓이겠지만 사람의 일을 가려 놓고 나무의 일만 즐거워하는 일에 회피의 혐의가 낄 틈이 있다고 나는 걱정하기도 한다. 이는 요즈음 나무와 숲을 노래하는 시인들, 특히 중장년의 시인들에게 하고 싶은 말이다.(1999)

푸른 바닷속에 잠긴 말

—최문자의 신작

1. 자라는 눈물

자라는 일은 살아 있는 것들의 속성이다. 식물은 수명이 거의 다할 때까지 자라는 것처럼 보인다. 그러나 동물은 죽을 때까지 자라는 것 같지는 않다. 본원적인 의미에서 자란다는 것은 육체의 성장을 가리킨다. 사람에게는 정신의 성장을 따로 중요하게 여기지만 그 밖의 다른 무엇에게 정신의 성장을 말하는 경우를 들을 수 없다. 사람은 스무 살 무렵까지만 육체적인 의미에서 자란다. 그 다음에는 어떤 시인의 표현처럼 〈자라지 않는 나이〉를 먹는다. 적어도 서른이 넘은 사람을 두고는 아무도 육체적인 의미에서 자란다고 하지 않는다. 그러나 그때에도 어떤 사람은 정신의 성장을 계속한다. 하나, 다 그렇지는 않다. 더 많은 사람들이 타락하여 속물이 되고, 짐승에 가까워지기도 한다.

또 다른 의미에서 자란다는 것은, 우리가 살고 있는 이 공간에서 개체의 몸이 차지하는 부피가 커지는 것을 의미한다. 부피는 눈으로 확인하기 쉬운 길이나 높이로 자주 치환되므로, 부피의 확대는 높이나 길이의 확장으로 표현된다. 이 과정에서 살아 있는 것들은 애초 자신의 몸이 아니던 것을 끌어 모아 자신의 몸으로 만들어 나간다. 공연히 부어오르는 것을 자란다고는 하지 않는다. 식물은 무기물에 자연의 힘을 더해 유기물을 만들어 몸을 키우고, 동물은 식물이 만든 유기물을 직접, 간접으로 얻어 몸을 키운다. 또 자라는 것은 선조적線條的인 시간의 흐름 위에서만 진행되고 판단된다. 우리가 사는 이 세상에서 시간으로부터 자유로운 것은 아무 것도 없다. 시간의 풍화작용 앞에서 어느 것도 영원하지 않다. 살아 있는 것들의 성장은 이 파괴적인 시간 속에서 자신의 2세를 얼른 생산하기 위한, 영원할 수 없는 것들의 지난한 안간힘이다.

최문자의 신작 열 편 가운데 여덟 편은 「자라는 눈물」 연작에 속한다. 연작의 제목은 눈물이 자라는 것이라는 관찰과 판단을 전제로 한다. 물론 이때 판단은 비유적인 판단이다. 비유의 울타리 속에서 생각해 보자. 이때 눈물은 마치 정원에서 해바라기가 자라듯이, 산에서 굴참나무가 자라듯이 그렇게 자라는 듯이 보인다. 바로 지시되지는 않으나 〈자라는 눈물〉이 시인 자신의 눈물을 염두에 두었음은 일단 확실하다. 시인은 육체의 성장이 멈춘 연령을 살고 있다. 그런데 그에게 종속된 눈물은 자라고 있다. 눈물은, 특정한 종류의 자극에 대한 한낱 생리적인 반응에 지나지 않으므로 그 자체를 나쁘다고 할 것은 아니다. 그러나 많은 사람들이 숭상하는 가치와는 거리가 멀다. 눈물을 낳는 자극은 육체적, 정신적 고통이다. 더러 고귀한 눈물을 말하기도 하고, 아름다운 눈물을 일컫기도 하지만, 눈물은 대체로 어두운 불행 또는 우울한 상실의 느낌과 어울린다. 그러므로 눈물이 자란다는 것은 결코 좋은 일일 수 없다. 요컨대 눈물은 나쁜 것이 아니지만, 자랑스러운 것도 아니며 권장할 만한 것도 아니다. 시인은 눈물이 자라고 있었다는 것을 발견하게 된 모양이고, 그 사연에 주목하여 이를 여러 편의 시를 아우르는 제재로 삼았다.

> 눈물도 자란다.
> 거짓말처럼 정말 자란다.
> 속 맘 푹푹 파먹고도 빼빼 마르면서 자란다.
> 정작 눈물 자랄 때는 이상하게 눈물 없어지면서
> 바짝 마른 순결로 뱉을 것도 없이 자란다.
> 죄같은 성장.
> 태초에 능금을 파먹고 이브의 눈물도 저렇게 자랐지.
>
> —「자라는 눈물—서시」

눈물은 시인의 〈속 맘〉을 파먹고 자란다. 그러면서도 〈빼빼〉 말라 있다. 이때 눈물은 시인의 몸에 기생하는 생물처럼 보인다. 이 기생 생물은 시인의 마음을 훼손시키고도 만족하지 않는 탐욕을 지녔다. 숙주의 쇠약과 기생 생물의 성장은 비례 관계에 있다. 사람의 마음을 먹이로 성장하는 생물의 이름이 눈물이다. 시인은, 눈물이 자랄 때는 눈물이 없어져서 이상스럽다고 한다. 상식적으로 눈물이 자라면 눈물이 많아질 터인데, 그렇지 않은 모양이다. 참 이상하다. 눈물은 자라서 오히려 눈물이 말랐다고 하니. 눈물이라는 기생 생물이 다 자라 숙주를 버리고 스스로의 길을 가 버린 것이 아닐까. 모든 기생 생물은 성장을 마치면 숙주를 떠난다. 이때 숙주는 몸은 파괴된다. 이 지경이 되면 눈물은 육체의 원리에 종속된 반응 이상의 것이 된다. 눈물은 그것을 흘리는 몸과 분리되어 바깥 다른 것의 지배를 받는 것이다. 그렇다면 눈물을, 그 배후로 알려진 슬픔으로 읽어야 이해하기 편하다. 그것이 〈바짝 마른 순결〉로 〈뺕을 것 없이〉 자란다는 진술은 문제적인 상황을 단정적으로 보여준다.

이 문제적 상황은 신앙과 관련이 있다. 마지막 두 줄이 빌미가 된다. 눈물의 성장은 〈죄같은〉 성장이다. 이는 눈물의 성장이 윤리적으로 옳지 않다는 사실과, 눈물이 죄의식과 멀지 않다는 사실을 함께 알린다. 시인이 신앙하는 세계에서 이브는 모든 사람의 어머니이며, 모든 어머니의 어머니이며, 모든 여인의 조상이다. 이브는 나쁜 짐승에게 꼬여서 아담에게 금지된 음식을 먹도록 했다. 시인은, 〈자라는 눈물〉이 이브 이후 모든 어머니가 지고 있는 죄의 근원과 관련이 있다고 생각한다. 이 짧은 시의 끝에서, 〈자라는 눈물〉이 기독교적 의미의 원죄와 관련이 있음은 뚜렷해진다. 그런데 심각한 문제는 이브의 죄를 시인이 고스란히 물려받은 데 있지 않고, 죄가 더 불어나고 있다는 데 있다. 죄가 불어나니 죄의식, 곧 눈물이 자란다.

그러나 기독교적인 의미에서 원죄는 사회적인 의미의 죄와 다르다. 자세히 알지 못하지만, 애초 기독교의 원죄는 사람이 겸손해지고 고분고분해지기를 바라는 신의 의도를 반영한다. 그래서 이 고통스런 세상을 참고 사는 것 이상의 죄값을 사람에세 지울 수도 없고, 지우지도 않는다. 죄악을 돌이킬 방법은 없다. 어떤 형벌도 죄행을 무화하지는 못하는 법이다. 그래서 형벌은 본질적으로 복수의 형태를 띤다. 하물며 신에게 저지른 죄를 다시 사람이 어쩌겠는가. 다시는 신을 부인하지 않고, 자만하지 않으며, 스스로의 힘으로는 절대 벗을 수 없는 죄의 굴레를 지고 있음을 잊지 않음으로써 신에 대한 무한한 복종과 경의 속에 사는 것이 죄값의 관건이다. 그러므로 시인이 느끼는 종류의 죄의식은 신앙인에게 매우 필요한 덕목이다.

윤동주의 반성이 아름답다면, 이 시인의 〈자라는 눈물〉 이야기도 아름다울 수 있다.

이후 이 연작은 조상이 저지른 죄를 줄이기는커녕 더하고만 있는 사람의 죄의식, 곧 슬픔의 사연과, 그 죄값에 지나지 않는 삶을 그리는 일에 바쳐진다. 〈산〉으로 비유되는 삶의 큰 보람은 오간데 없고, 스스로 〈모래〉가 되어 버린 착잡한 현실을 표현하기도 하고(연작 1), 산책하다가 밟은 미물에서 살아 있는 것들의 숙명을 생각하기도 하고(연작 2), 사람 사이에 진정한 의사소통이 불가능해진 현실을 서정적으로 노래하기도 하고(연작 4), 지하 1층과 지상 18층을 대비하며 위태로웠던 삶의 도정을 되새기기도(연작 6) 한다.

2. 상처

적지 않은 시인들에게 시는 마음의 상처를 다스리는 방법이다. 독자들은 자신의 마음에 새겨진 상처와 닮은 상처를 가진 시인의 시들을 아끼고 사랑한다. 사람들은 저마다 마음의 상처를 가지고 있으며 저마다의 방법으로 그 상처를 치유하는 방법을 찾는데, 게중 어떤 사람이 시 쓰기를 방법으로 하는 것인지, 아니면 시인이 특히 더 상처를 많이 가진 사람인지를 잘라 말하기는 어렵다. 어쨌든 측정할 수는 없지만, 많은 사람들이 상처를 가지고 살아가며, 그 대부분은 다른 사람들과 맺고 푼 관계에서 온다. 닫힌 방에 혼자 사는 사람이라고 상처가 없는 것은 아니다. 그 자체가 그에게 상처가 된다. 다른 사람과 맺은 관계는 산길과 같아서 다니지 않으면 지워진다. 지워진 길은 상처가 된다. 그 과정은 어떻게 진행되는가.

서로 너무 많은 걸 지우고 말했다.

꼭 하고 싶은 말은 푸른 바닷속 같은데 감춰 두고 말했다.
봄이라서 꽃냄새 때문에 숨소리가 서로 어긋났다.
통화는 했어도 가슴이 납덩이처럼 무거워 어쩔 수 없이 골목 같은 데로
쑥 들어갔다.
구둣발로 오갔던 언어들을 문질러 의미의 불을 껐다.
가끔 전화는 무력하다.
푸른 바닷속에 잠긴 말들을 전하지 못한다.

—「자라는 눈물 4—전화」

〈가끔 전화는 무력하다〉고 했다. 풀리는 관계에 무력한 것이 전화뿐이겠는가. 어떤 때 마주 앉아 숨결을 느끼며 나누는 대화조차도 얼마나 무력하던가. 의사 전달이 자주 마뜩치 않고, 믿었던 유대가 쉽게 흔들리는 것은 문명의 이기 탓이 아니라, 첫 두 줄에서 보듯이 〈서로 너무 많은 걸 지우고 말〉하기 때문이며, 〈꼭 하고 싶은 말은 푸른 바닷속 같은데 감춰 두고 말하〉기 때문이다. 봄 탓도 아니며 꽃냄새 탓도 아니다. 전하지 못한 〈푸른 바닷속에 잠긴 말〉들을 끝내 전하지 못하면 또 하나의 상처를 만들게 될 뿐이다. 사람 사이의 관계에서 입은 상처를 낫게 하는 길은 이 〈푸른 바닷속에 잠긴 말〉을 푸른 바다 위로 떠오르도록 하는 것이다. 이 고단한 과업에 시인이 맡은 바가 있다.

최문자의 신작은 쉽게 상처받는 체질의 영혼이 답사하는 세상사의 기록이다. 그곳에는 아주 낡은 유서를 가진 불화와 갈등이 낯익고 편한 얼굴로 등장한다. 그래서 시인은 가족과 한가로이 공원을 산책하다가 발길에 차이는 작은 풀을 보고, 밟고 밟히는 것들의 운명을 떠올린다. 상처를 가진 사람은 다른 이의 상처를 쉬 찾아내고, 그

후 다시 자신의 상처를 반드시 돌아본다.

> 밟고 있는 이 발밑의 너비가
> 질경이에겐 푸른 우주가 된다.
> 좁아서 더 아픈 우주
> 나는 질경이의 하늘을 밟고 서 있었다.
>
> —「자라는 눈물 2—질경이」에서

지금 뜻 없이 질경이를 밟아 버린, 질경이의 하늘을 가린 시인은 말하자면 가해자이다. 풀밭에서 평화롭게 싹을 틔우고 꽃을 피우며 살다가, 문득 사람들의 길 한 가운데 서 있게 된 질경이의 수난에 시인은 동정을 아끼지 않는다. 극소수의 예외를 빼면 식물은 한 번 뿌리내린 곳을 떠날 수 없다. 시인은 처지를 바꾸어, 곧 자신도 누군가에 의해 자신의 몸과 하늘이 다 밟히지 않을까 불안하다. 인용하지 않은 마지막 몇 줄은, 이 시를 미물에 대한 자상한 배려라거나 자연에 대한 자비심으로 간단하게 읽고 넘길 수 없도록 한다. 가해와 피해의 물고 물리는 교차와 반복이야말로 이 세상을 지배하는 차가운 삶의 법칙이며 섭리라고 할 수 있다. 사람들의 세계뿐만 아니라, 근원적으로 동물들의 세계에서 이 불행한 섭리는 더욱 간단하고 명료하게 관찰된다. 이 험한 삶의 실상은 심성이 고운 사람들의 마음에 피해 의식과 강박 의식을 심는다. 이는 상처의 과학적인 규정이다.

3. 어머니

아들에게 어머니의 의미와 딸에게 어머니의 의미는 다를 법하다.

스스로 자식을 낳아 기르고 있는 딸에게는 더욱 그럴 것이다. 어머니를 생각하면 누구나 서글퍼지고 쓸쓸해지는 까닭은 무엇일까. 모든 어미의 새끼들은 다 그런가. 우리 종족이 최근 한 세기 동안 아주 나쁜 질의 삶을 살아왔기 때문에 더 그런가. 다 조금씩 맞을 것이다. 굶주림과 집 없음이 삶에 가장 큰 위협인 족속에게 어머니와 자식의 관계는 더 눈물겨우리라. 자식에게 어머니는 결코 행복하기만 할 수 없는 이 세상의 삶을 의지와 상관없이 물려준 존재이다. 어버이가 평생을 자식 걱정으로 살아가는 것에는 이런 유의 미안함에 뿌리가 있다. 한 때 자식은 힘겨운 삶에 대한 원망을 어머니에게 돌리기도 한다. 그러나 성장하면서 어머니도 자신과 다름없는 처지임을 알게 된다. 아무튼 어머니와 자식의 관계는 살아 있는 것들의 숙명을 가장 극명하게 드러내는 운명의 끈이다. 자연 기록 영화에서 어미 원숭이가 이미 숨진 새끼 원숭이를 오래 안고 다니던 모습이 잊히지 않는다.

최문자의 신작에도 어머니가 나오는 시가 두 편 있다. 〈사막은 어떻게 되는가〉라는 부제가 붙은 연작 1에서 어머니는 〈애야, 쨍한 날만 있으면 못 쓴다. / 그건 사막이 되고 만다. 사막.〉이라는 의미심장한 충고를 한다. 아마 어머니는 당시, 어떤 종류의 불행으로 고통스러워하는 딸을 위로하기 위해 이 지혜로운 말씀을 남겼을 것이다. 그러나 흐린 날과 맑은 날이 그런 대로 뒤섞인 삶을 사는 사람에게, 특히 그가 지금 흐린 날을 견디고 있을 때 이 충고는 빛날 것이다. 그러나 만약 그가 끝없이 이어지는 우기의 삶을 살고 있을 때 이 충고는 효력이 없다. 시인은 바로 자신의 생애가 그렇다고 생각한다. 자신은 또 다른 이유로 〈더 무시무시한 사막〉이 되어 버렸다. 〈쨍한 날이 적어서〉이다. 지금 시인은 오랜 먹구름 아래서 몸조차 모래가 되었다. 결국 어머니의 지혜로운 충고는 〈말도 안 되는 말씀〉이 되고 말았다. 시의 끝 부분에서 시인은 〈밋밋한 모래의 자궁으로 / 산을 낳는 꿈을 꾸〉는 자신을 〈말도 안 되는 꿈〉을 꾸는 사람으로 규정한다. 〈말도 안 되는〉 그 무엇을 행하는 자로서 어머니와 딸은 닮았다. 거듭되는 불행으로 몸과 마음이 피폐했다는 자의식적 과장을 주제로 하는 이 시에서, 어머니의 〈말씀〉과 딸의 〈꿈〉은 재미있게 대비되며, 이는 따로 형식적인 안정과 아름다움을 마련한다.

연작에 포함되지 않은 「머리카락」은 어머니를 위한 작품이다. 돌아가신 어머니가 쓰던 〈옻칠 반닫이〉 밑에서 고인의 머리카락을 발견하고, 시인은 위암으로 고통 받던 생전의 모습을 떠올린다. 치료 때문에 머리카락이 거의 다 빠진 어머니의 생전 모습과 집안 어딘가에 남은 머리카락은, 삶과 죽음의 거리, 색조가 다른 시간의 거리를 넘어 하나의 공간과 시간에서 만난다.

> 위암으로 몇달 동안 방사선 치료를 받을 때
> 어머니는 통증보다도 머리카락 때문에 더 많이 우셨다.
> 애들처럼 엉엉 소리내며 서럽게 우셨다.
> 검은 머리카락이 한 줌씩 빠지기 시작하면서 어머니는 보자기를 쓰셨다.
> 보자기를 쓰고 난 이후로 어머니는 그럭저럭 삼키던 미음도 다 토해냈다.
> 사라진 머리카락들이 어머니의 온 데를 건드렸나 보다.
> 어머니께 수의를 입힐 때 나는 내 손으로 어머니의 보자기를 풀어 드렸다.
>
> —「머리카락」에서

돌아가신 어머니를 이야기하면서 마음의 평정을 유지할 수 있는 사람은 거의 없다. 그래서 어머니의 삶을 소재로 한 시를 잘 쓰기는 어렵다. 소재의 특성상 긴장과 냉정을 유지하기 어려운 까닭도 있지만, 감정의 전이가 난망한 까닭도 있다. 일반명사가 아니라 고유명사로서 어머니라는 말이 가리키는 존재의 의미를 다른 사람에게 고스란히 전하기는 거의 불가능하다. 다시 말해 내 어머니가 얼마나 착하고 고마운 분인지를, 다른 어머니의 자식에게 깊은 공감으로 전하기는 어렵다. 듣는 사람들은 저마다 자신의 어머니만 생각하려 한다. 이는 내 연인이 얼마나 이쁜지를 설득하기 어려운 일과 같다. 위의 시는 이와 같은 장애를 우회함으로써 위험에서 벗어났다. 현명한 선택이다. 이러한 유의 소재에서 중요한 것은 사연 자체이지 형식과 수사의 장치가 아니다. 독자는 이 세상을 살다간 어떤 한 어머니의 이야기를 그 딸의 목소리로 부담 없이 듣는다. 예술 영화보다 기록영화가 더 감동적일 때가 있다.

4. 그리고 시인

최문자의 신작은 읽기 편하다. 이는 시에 사용된 말들이 배타적이거나 공격적이지 않기 때문이다. 또한 시의 소재와 주제가, 독자들도 함께 경험하는 평범한 삶의 세계에서 유입되었기 때문이기도 하다. 그의 시를 읽는 사람은 눈을 부릅뜨거나 귀를 크게 열고 있지 않아도 좋다. 시에서 시인은 매우 겸손하고 또 자상하다.

시인은 현실의 삶에서는 많은 행복을 가진 사람이다. 오래 믿어온 신앙, 다 성장한 자녀, 안정된 가정, 노동의 즐거움을 주는 안정된 직업 들을 그는 가지고 있다. 그러나 그는 시에서 주로 갈등과 상실과 불행을 말한다. 다만 연륜의 조절을 받아 위태롭거나 격렬하게 드러나지는 않을 뿐이다. 그의 시에 등장하는 화자는 출렁이는 삶의 풍랑 위에 있다. 스스로를 속이지 않는 자는 나이와 형편에 상관없이 자신의 삶이 출렁이는 물결 위에 있다고 생각하는 법이다.

상대적으로 최문자의 언어는 다른 여성 시인에 비해 남성적이다. 눈물과 슬픔과 운명을 자주 이야기하는 그의 시가 강건해 보이는 것은 시의 길이와 말의 선택에서 말미암는다. 그의 시는 대체로 길이가 짧다. 그리고 일부러 고운 말을 가려 쓰지 않는다. 소리의 결과 말의 올에 크게 신경 쓰지 않는 그의 시풍이 감상의 폐해를 중화했다. 추측컨대, 감상은 그의 언어적 내연이며, 절제는 외연이다. 그래서 눈물이 등장하는 구절도 과장되어 질척거리지 않는다. 이는 그의 장점이다. 한 편으로 나는 그의 시가 조금 더 길어져도 좋겠다고 생각한다. 그의 신작 가운데 길이가 긴 시는 번다한 설명의 위험을 얼마간 드러내고 있다. 또 짧은 시는 더러 뒤가 허전하다. 필요한 긴장을 놓치지 않을 능력이 있다면, 시에서도 설명을 요령 있게 배치할 필요가 있다. 나 같은 아둔한 독자들을 위해서는 말이다. 물론 단서가 더 무섭지만. 나는 다시 〈푸른 바닷속에 잠긴 말〉이 떠오르기를 기다린다. 그의 시에서도 그렇고, 우리의 시에서도 그렇고, 우리의 세상에서도 그렇다.(1997)

현재형, 깨어 있는 자의 말투

—송재학 시 「오래 전부터 저녁은」

1.

송재학의 새 시집 『살레시오네 집』에서는 현재형 시제의 두드러진 사용이 눈길을 끈다. 과거형이 서사에 더 적합하고 유용하다면, 현재형은 묘사에 더 그렇다고 말할 수 있다. 과거형이 이미 일어난 일의 처음과 끝을, 다 알고 있는 이가 미처 모르는 이에게 알리는 말투라면, 현재형은 바로 눈앞에서 일어나고 있는 일을 함께 느끼고 경험하는 말투이다. 그래서 현재형은 현대의 언어, 현장의 언어, 불확정의 언어이다. 오늘의 세상을 못 미더워하고 마음 아픈 삶의 매듭을 응시하는 송재학의 시가 현재형을 편애하는 것은 이상스러운 일이 아니다. 작품 「오래 전부터 저녁은」은 연을 번갈아 과거형과 현재형의 시제를 등장시키는 재미있는 작품이다. 동시에 이 작품은 한쪽으로 흘러가는 시간과 삶의 세찬 물결 또는 바람을 끊임없이 거스르는 송재학의 정신적 지향이 숨긴 단면을 아름답고 서글프게 보여준다.

오래 전부터 나는 이곳에 서 있었네

저녁밥이 헐은 입으로 들어갈 때
늦은 불빛 사이 길들어 기다림으로 들먹거릴 때
나는 이곳에 엎드려
슬픔이 추려내는 환한 석남꽃에 기대었네

누군가 저녁을 열고 유혹을 만나네
끔찍한 신음소리와 웃음이 초조한 발밑을 적시네
희망을 따라가는 일은 싸움, 그러나
사람들은 하루의 아픔에 잡히기를 원치 않네, 오직
그들은 밤의 두려운 이불을 끌어당길 뿐

저녁은 많은 얼굴을 붙들고 숨죽인 채 부풀어 있거나
저녁은 죽음과 비슷한 옷자락을 갖추었네

나무는 노을만 바라본 듯 금빛 가운데 무너져
저녁으로 가는 길을 가리키네
저녁은 곧 베어먹을 수 있는 고기처럼 검붉어
낯설은 비애의 냄새로 가득찬 정육점만
길가에 즐비하네
누군가 나처럼 세월에 떠밀리네
시든 꽃잎을 단 창문이 닫히고
저녁은 어느 곳에 닿으려고 저토록 많은 불빛을 쌓아가는지

—「오래 전부터 저녁은」

2.

해질 무렵은 우주적 시간이다. 이는 상징적이며 동시에 구체적인 우리의 지배자, 곧 유기체적 존재의 근원을 감히 맨눈으로 알현할 수 있는 시간이기 때문이다. 낮 동안 우리의 정수리 위에 군림하는, 함부로 쳐다볼 수도 없는 — 바라보면 눈이 먼다 — 그는 이 무렵 그의 아름다운 시녀들이 마련한 고운 불빛 장막 너머로 우리와 오래도록 작별한다. 누구는 그 작별의 장려함으로 지상에서 연명한다고 했던가, 그 아름다움이 술잔을 들게 한다고 했던가. 체감할 수 없이 적은 확률로 존재하는 생명의 신비. 적당히 진화하여 적당한 크기로 적당히 뜨거운 항성. 그 항성을 도는 행성 가운데 적당한 온기를 받을 만한 적당한 거리에 있는 별. 수많은 적당함의 우연한 누적이 우리의 별을 온통 생명으로 가득하게 하였다. 적어도 현대의 천문학이 밝혀낸 한, 실재를 확인할 수 있는 아직은 하나뿐인 생명의 별. 모습을 드러내지 않는 신을 굳이 믿지는 않더라도 해를 본다는 것은 늘 우주와 생명의 경이에 스스로 엎드리는 몸짓이다. 그래서 〈인간은 우주의 규모와 운행에 비추어 하찮기 이를 데 없지만, 우주를 이해할 수 있고 그 아름다움을 인식할 수 있기에 특별한 존재입니다〉라는 한 물리학자의 말은 하찮은 미물이 붙잡을 수 있는 최소한의 자위이면서, 존재의 근거에 던져지는 최대한의 찬사이기도 하다. 우주에 대한 지식의 증대는 궁극적으로 광대한 넓이의 공간과 무한대의 시간 앞에서 스스로의 사소함을 확인하는 일에 지나지 않을지도 모른다. 한 물리학자의 안쓰러운 위로처럼 생명의 존재는 여전히 신비롭고 그 확률의 극미함에 신비로움을 더해갈 수도 있겠지만, 우주에 대한 지식이 늘어 가면 갈수록 비역사적이고 허무주의적인 사고가 득세할지도 모른다.

3.

송재학은 일상의 타성적 물결에 거스르며, 이 물결 속에 뒤섞여 흐르는 허위와 타락의 불순물에 주목한다. 넉넉히 지적이며 날카로운 그의 눈길은 작품 「오래 전부터 저녁은」에서, 상반되는 속성의 두 세계, 즉 밤과 낮이 교체되는 시각에 오래 멈춘다. 대립하는 두 세계가 자연스럽게 갈마드는 이 시각의 숨겨진 뒷면에서 낮과 밤은 갈등과 긴장 속에 있다. 밤은 어둡고 불길하며, 그래서 이 시간을 부정적으로 보는 관점은 오랜 전통과 역사를 갖고 있다. 밤은 압제 또는 허무와 죽음의 시간이며, 우리에게 인내와 극기를 요청한다. 우리가 기다림과 희망의 끈을 놓는 순간 그 시간은 이내 고통의 지옥이 된다.

4.

〈오래 전부터〉 시인이 〈이곳〉에 서 있는 동안, 사람들은 저마다 허술한 움막에 숨어 〈헐은 입〉으로 저녁밥을 먹는다. 하루의 노동을 마치고 소모된 자양을 보충하는 일은 이 자리에서 자랑스럽고 건강하게 그려지지 못한다. 사람들은 고통스럽게 저녁밥을 먹는다. 밤이와 사람들의 집은 불을 밝히고 거리는 휴식의 준비로 바쁠 때 시인은 이 장면을 〈기다림으로 들먹거〉리고 있음으로 본다. 〈기다림〉은 그런 대로 권장할 만한 것이지만 〈들먹거〉림은 그렇지 않아서 결과적으로 두 말의 결합은 부정적인 성격을 띤다. 그래서 시인은 홀로 〈서 있〉거나, 〈엎드려〉 있거나, 〈슬픔이 추려내는 석남꽃에 기〉댄다. 이어 둘째 연에서 사람들은 유혹과 만나고 신음과 웃음을 연출하는데, 시인은 홀로 초조해 한다. 시인은 외로운 일탈자이다. 그만이 홀로 깨어 있는 것인가. 그에게는 저녁에 사람들이 행하는 짓이 마음에 들지 않는다. 그는 〈희망을 따라가는〉 사람으로, 스스로 그 일이 〈싸움〉임을 알고 있다. 희망을 따라가기로 결정하는 일은 피곤한 싸움을 감당하고자 하여 〈하루의 아픔에 잡히〉는 일이다. 그러나 사람들은 〈희망을 따라가는 일〉, 〈싸움〉, 〈하루의 아픔에 잡히〉는 일을 택하지 않는다. 그들은 단지 〈밤의 두려운 이불을 끌어당기〉어 그 절망의 밤을 견디는 일을 선택한다. 셋째 연에서 시인은 저녁 또는 그의 발전된 형태인 밤이 결국은 부자유와 죽음에 이르는 성격임을 확인한다. 시인에게 저녁은 정체停滯의 덫이다. 그것은 〈많은 얼굴을 붙들고 숨죽인 채 부풀어 있거나〉, 〈죽음〉의 모습을 이미 닮아 있다. 나무의 본성은 항일성이다. 해가 사라진 시간, 나무는 해의 마지막 모습을 닮은 채 가리킬 곳을 포기하고 저녁으로 가는 길을 가리킬 뿐이다. 이제 저녁은 만상을 온통 정체와 절망 속에 가둔다. 그것은 계획된 저녁의 흉계일지도 모른다. 해로 말미암아 생명을 구가하던 살아 있는 것들은 밤의 끄나풀인 저녁의 흉계에 의해 정체와 절망의 먹이로 화한다. 그래서 저녁의 세상은 〈비애의 냄새로 가득 찬 정육점〉으로 변환된다. 시인은 이와 같은 어두운 세상의 물길을 거슬러 홀로 생각하지만 따로 보여줄 대안을 가지고 있지는 않다. 사색과 고뇌의 몸짓으로 안간힘을 쓰지만 그도 도리 없이 이 별의 한 작은 생물에 지나지 못한다. 생명의 밝고 자랑스런 활동이 중지된 시간에 사람들은 〈시든 꽃잎을 단 창문〉을 닫는다. 〈시든 꽃잎〉은 죽음의 부적인가. 그러나 우리는 마지막 한 줄에서 소극적이고 미미한 대로 값진 희망을 본다. 저녁에 사람들이 어둠을 견디며 불빛을 곳곳에 밝히는 행태는 밝음에 대한 소망을 버리지 않았음을 뜻한다. 우리는 낮이 가고 밤이 옴을 습관처럼 받아들이지만, 이와 같이 자연의 순환에 적응하는 오랜 몸짓 속에 생명과 빛의 근원인 해에 대한 기다림과 희망이 배어 있다. 〈저녁은 어느 곳에 닿으려고 저토록 많은 불빛을 쌓아가는지〉라는 마지막 질문의 대답은 자명하다. 그곳은 빛이 있는 곳, 곧 해에 닿으려는 몸짓인 것이다.

5.

송재학이 아끼는 현재형은 일의 처음과 중간과 끝을 표현하는 데보다는 하나의 일체적 상황을 차근차근 전하는 데 쓸 바가 많다. 한층 완강하고 변하지 않는 어두운 조건을 담고 있는 첫째, 셋째 연에서는 닫힌 과거형이, 지금 바로 나타나고 있는 현상의 묘사를 담고 있는 둘째, 넷째 연에서는 열린 현재형이 서로의 장점을 충분히 발휘하고 있다. 과거형은 세계 운행의 화살표가 그리는 절대적이고 일관된 향방을, 현재형은 그 화살표의 끝에서 지금 일어나고 있는 사태를 묘사하는 데 기능한다. 송재학은 우울하고 침착하게 세상의 일을 들추어본다. 갈라서 들여다보기도 하고 뒤집어 보기도 하고 잘라서 만져보기도 한다. 물론 이러한 수술에 쓰이는 연장은 언어와 상상이다. 사람의 몸에서 제 기능을 하지 못하는 부분을 바로잡는 일이 그의 직업이듯, 이 세상의 뒤틀리고 목졸린 모습을 살피고 바로잡으려고 애쓰는 일은 시인으로서 그의 직분이다. 따라서 그의 시는 세상을 닮아 밝지 않다. 세상의 밝지 않음을 상대하는 그의 준비동작은 공격적이고 도전적이다. 작품 「오래 전부터 저녁은」은 송재학식 세상 보기의 구도를 쉽게 드러내고 있어, 새 시집 『살네시오네 집』이 구축한 언어의 성에 들어서는 높지 않은 관문이다.(1992)

4

시집 해설

경계의 시인

―김철주 시집 『마음의 지리부도를 펼쳐들고』

걷고, 보고, 생각한다. 이 문장에 쓰인 세 개의 동사는 김철주의 첫 시집에서 한 몸처럼 묶여 있다. 시집 속에서 화자는 걷거나 때로 서 있다. 그러면서 주위를 살핀다. 그러다가 마땅한 대상을 찾으면 그것을 계속 관찰한다. 바라보기도 하고 굽어보기도 하고 훔쳐보기도 한다. 이처럼 갖은 방법으로 관찰한 것들은 그의 마음에 또한 여러 가지 모양의 파장과 물결을 일으키는데 그 흔적이 바로 시이다. 그의 시는 바로, 걷고 보고 생각한 것의 기록인 셈이다. 시집을 읽어보면, 특히 보는 여러 가지 방법 가운데 〈훔쳐보다〉가 눈에 띈다. 재미있고 특이하게도 화자는 자주 〈훔쳐보〉고 있다.

> 일요일 오후 산길을 오르다가 마주친 백목련 한 그루
> 그 하얀 빛의 설레임을 한 사내가 물끄러미 훔쳐보고 있다
>
> ―「빛의 걸음걸이」에서

정지한 동작을 담은 사진 같다. 시간은 〈일요일 오후〉, 공간은 〈산길〉이다. 산길을 〈걷다가〉 백목련을 〈보는〉 사람, 이 〈사내〉는

삼인칭으로 등장하지만 화자로 읽어도 좋다. 삼인칭의 인물을 화자로 읽어도 무방한 점은 그의 다른 시에서도 마찬가지이다. 시인은 자신조차도 남의 눈으로 보고자 하는지 모른다. 위 구절에서 〈걷다〉는 〈오르다〉로, 〈보다〉는 〈물끄러미 훔쳐보다〉로 얼굴을 바꾸었다. 그는 왜 멋진 꽃을 피운 나무를 이렇게 〈물끄러미 훔쳐보〉는 것일까. 다른 시에서 또한 그는 〈그때마다 나는 비스듬히 쪽문이 열려진 그 집의 내부를, / 아무런 의심도 없이 자주 훔쳐보곤 했다〉(「10월에」)고 했고, 〈유리창 너머로 그 집의 내부를 훔쳐보면〉(「빵 굽는 집」)이라고 했고, 〈비좁게 웅크리고 앉아 한숨 쉬는 것들을 훔쳐보며〉(「자동차 1급 정비공업사」)라고 했고, 〈완전하게 부서지는 것들 속에서 / 또 망가지기를 기다리는 것을 훔쳐보았다〉(「폐차장에서」)라고 했고, 〈삐걱거리며 넘어진 것들과 그리고 / 비스듬히 기울어져 어긋난 것들을 훔쳐보며〉(「낯선 정비공들 틈 사이에서」)라고도 했다. 이들 예에서 〈훔쳐보는〉 대상은 남의 집 내부이거나 어떤 비밀스런 내막이다. 훔쳐본다는 것은 바깥에서 안을, 또는 남의 것을 주인 몰래 보는 일을 가리킨다. 내가 공공연히 그 안에 있거나, 내 것이라면 훔쳐볼 필요는 없다. 또한 그 주인이, 남이 훔쳐보는 것을 달가워하지 않으리라는 추단을 전제로 한다. 다시 말해 〈훔쳐보기〉는 주체와 객체의 선명한 구분 이후에 행해진다. 그렇다면 위 예들에서 화자 또는 〈사내〉는 하얀 꽃을 밝게 피운 백목련의 세계와 자신의 세계를 선명히 구분하고 있는 것이 된다. 그의 시선은 이 구분의 경계를 넘나들고 있다. 이 경계는 〈나〉와 〈자연〉의 경계이며, 〈사람〉과 〈자연〉의 경계이며, 〈마을〉과 〈자연〉의 경계이며, 다시 〈도시〉와 〈자연〉의 경계이다. 〈훔쳐보기〉는 이와 같이 경계를 탐험하는 사람이 취할 법한 태도이다. 그는 무언가를 찾고 있고, 다른 사람의 방해 없이, 다른 사람의 이목을 끌지 않은 채, 자신의 의도를 이루고자 하는 것이 틀림없다.

경계를 걷고, 보고, 생각한다. 이 문장은 김철주의 첫 시집이 드러낸 세계를 축약한다. 이 경계는 우선 사람이 모여 이룬, 더 이상 자연이 아닌 것들과 〈자연〉 사이에 있다. 김철주의 세대에는 아직도 농촌과 도시를 함께 경험했다. 도시에 사는 이 또래들 가운데 과반수는 농촌에서 성장하다 도시로 이주해온 사람들이다. 그들은 자연과 농촌과 도시를 고루 경험한 사람들이다. 도시 사람들은 그들을 〈촌놈〉이라고 부른다. 촌놈도 자신을 포함한 그들을 촌놈이라고 부른다. 언제나 그랬듯이 세월의 결절마다 정상잡배들과 언론잡배들은 도취된 목소리로 새롭고 놀라운 세상을 예측하지만, 그래서 코앞에 닥친 미래에는 누구든 예외 없이 최상의 문명적, 문화적 혜택을 누릴 것처럼 법석을 피우지만, 절대로 그렇지 않다.

도시에서 나와 한 시간만 차로 달려가면 우리는 아주 느리게 변하는 세상과 만난다. 도시에서 멀어지면 멀어질수록 변하는 속도도 느려져서 이윽고 세월이 흘러도 변화가 아주 없다시피 한 세상을 만나게 된다. 인적 드문 산 속과 숲 속이 그러하다. 도시에서는 21세기를 오색찬란한 징식으로 마중하고 있으나, 산 속과 숲 속은 역사 이전 세상과 구별되지 않는다. 도시에 사는 사람들은 온 세상 사람들이 저희들과 비슷하게 살 것이라 함부로 착각하지만, 이 세상에는 5천년 이상 시차를 가진 문화들이 동시에 존재한다. 도시는 더 빠른 속도로 외양을 바꾸어가고, 농촌 또는 전통 촌락은 그보다 조금 더디게 도시를 쫓아가지만, 숲은 타고난 처음의 생태를 되풀이할 뿐이다. 가만히 두기만 한다면 그렇다. 상황은 나빠지고 있는 것이 사실이지만 앞으로도 꽤 오랜 동안은 그러할 것이다.

사람의 문명이 발전하면 할수록 양자의 격차는 커지고 경계는 넓어진다.

시인은 도시와 농촌의 경계, 도시와 자연의 경계를 걷고, 보고, 생각하고, 기록한다. 그는, 경계를 이루고 만나는 세 가지 세상을 두루 경험하였다. 그리고 현재 그는 도시에 갇혀 있다고 생각한다. 그러므로 그의 경계 탐구는 도리 없이 농촌 또는 자연을 넘겨다보는, 〈훔쳐보〉는 모습을 띠게 된다.

> 저 멀리 고산준령의 옛집 지붕을 따라,
> 저희들끼리 얼굴을 파묻고 뭉게구름처럼 떠 있는 봄나무들
> 그곳에도 과연 나의 꽃이 피기는 피는 것일까
> 내 마음이 산길에 매달려 끊임없이 갈증을 느낄 때
> 문득 뒤를 돌아다보면, 저 멀리 도시의 유곽에서
> 내가 걸어온 길이 덤불숲처럼 보인다
> 아니, 저 유곽의 허물어진 담장 너머에서
> 느릿느릿 새어나오는 주름진 네 얼굴의 빗금이 희미하게 보인다
> 오늘도 식솔들을 이끌고 저 도시의 한 점 불빛처럼
> 오래도록 떠돌아야 할 내 우울한 일상들,
> 을 애써 등 뒤로 한 채
> 비 그친 일요일 아침
> 그렇게 터벅터벅 산길을 걸어 올라갈 때마다
> 한 집안의 가장인 나는 자꾸만 산길에 묻혀 주저앉으려고만 하고
> 그때마다 내 마음의 한 구석에서 달그락대는 무수한 자갈들이
> 무덤 속 같은 저 도시의 입구 쪽으로 쌓여져 가는 것을 바라보았다
>
> —「산길」에서

봄날의 산 속에서 화자는 걷고, 보고, 생각한다. 그는 자연 안에 들어온 것일까? 그는 그렇게 생각하지 않는다. 그렇게 생각하지 못한다고 하는 것이 더 정확할지 모른다. 그는 자연과 자신의 경계를 확실히 깨닫고 있다. 그는 기적이 벌어지고 있는 봄의 숲을 본다. 그리고 그 안에 〈나의 꽃〉이 있는지 궁금해 한다. 조금 까다롭지만, 봄의 숲에 〈나의 꽃〉이 있는지를 서글프게 묻고 있다는 정황은, 사람 세상의 모든 것들과 일대일로 대응되는 〈꽃〉들이 산에 있어야 한다는 사실의 당위성을 전제하고 있다. 그렇게 읽어야만, 〈나의 꽃〉이 있을지에 대한 화자의 조바심이 그럴 듯해진다. 당연히 있어야 하는데, 왠지 있을 것 같지가 않다는 말이다. 그래서 그는 갈증을 느끼며 산 아래를 돌아본다. 그곳에는 〈유곽〉과 〈식솔〉로 대표되는 그의 일상이 있다. 일상이야말로 그를 경계까지만 보내주고는, 넘어가지 못하게 하고는, 그래서 저쪽을 고작 〈훔쳐보게〉만 만드는 원흉일 것이다. 오늘, 일요일 아침, 그는 경계를 찾아왔다. 마음이 편치 않다. 도시를 그가 완전히 떠날 수 없다는 불길하고 불운한 사실 때문이다. 그는 도시에서 어떻게 살았던 것일까.

수은등의 초라한 불빛에 웅크리고 삼든
어쩌면 고철더미처럼 어지럽게 쌓인 우리들의 꿈도
각자 서로의 발자국들 틈에 끼여 아직도 뒤척거리는지
허름한 내 그림자 위에 찍힌 모든 사람들의 발자국이
아름답구나 내 걸어온 길 너무 무거워
[…]
텅 빈 거리에서 하염없이 이 땅을 굽어보는,
다시 오늘을 훔쳐보는 나의 눈빛이 우스꽝스럽구나

우스꽝스럽구나

—「발자국은 제 발자국 위에 찍힌 생각의 발자국도 모르고」에서

그는 도시에서 이렇게 살았다. 〈꿈〉은 침묵과 무질서에 휩싸여 있다. 사위가 칠흑 같을 때, 모든 것이 나에게 등을 돌리고 있을 때, 우리가 마지막으로 붙잡을 것은 꿈이다. 이를 우리는 희망이라고도 부른다. 그런데 이 꿈이 너덜너덜해졌다고 한다. 그래서 초라하고 어지럽다. 이번에는 고개를 숙이고 땅을 굽어본다. 도시의 사람들은 바쁘게 쏘다닌다. 그의 눈에 사람들의 발자국들이 또렷이 보인다. 그 발자국들은 내 그림자 위에 찍혀 있다. 이 그림자는 짓눌려진 그의 꿈이 아닐까. 그의 눈에는 〈허름한 내 그림자 위에 찍힌 모든 사람들의 발자국〉이 아름답게 보인다. 발자국조차 아름다운 것이 아니라, 발자국만이 아름다운 것이다. 그래서 그는 이 발자국에 집착한다. 그러나 그렇게 〈아름답게〉 밟힌 그림자, 너덜너덜해진 꿈조차 그의 세상에 속해 있지 않다. 결국 〈굽어보는〉 눈길이 〈훔쳐보는〉 눈길로 바뀐다. 당연히 이 장면은 〈우스꽝스럽다〉.

그는 그의 사소하나 고집 센 일상이 긴밀히 연루된 도시에서도 걷고, 보고, 생각했다. 그는 이 도시에서 구경꾼이 되었다. 이는 경계를 탐구하는 자의 숙명인지 모른다. 그는 〈거짓말처럼 강변을 산책하〉(「자동차 1급 정비공업사」)기도 하고, 〈물끄러미 가판대를 의지해 사람구경을 하〉(「산책」)기도 하고, 이따금 〈퇴근 길에 그 집에 들러 / 빵 구경을 하〉(「빵 굽는 집」)기도 하고, 도시를 〈구더기들의 거대한 성채〉라고 생각하며 〈눈여겨보〉(「딱, 딱, 딱, 딱」)기도 한다. 그러다 지나친 구경으로 눈을 혹사하여 〈지친 표정으로 충혈된 눈을 비비〉(「흑점에 대하여」)기도 해야 한다. 그러나 언제나 구경은

구경꾼의 몫이다. 무엇보다도 구경꾼은 구경꾼일 뿐이다.

> 그때마다 나는 석간신문을 말아쥐고
> 겨울이 오기 전, 또다른 변두리 버스 정류장에서
> 우두커니 낯선 사람들의 적당한 배경으로 서 있곤 했다
>
> —「변두리 버스 정류장에서」에서

도시의 변두리 버스 정류장에서 화자는 〈우두커니 낯선 사람들의 적당한 배경〉이 되었다고 한다. 그는 스스로 선택과 행위의 주체가 되지 못하고, 화면이나 캔버스의 중심에 있지 못하고, 대수롭지 않은 국외자가 된 모양이다. 보통 구경꾼은 사건의 흐름에 적극적으로 개입하는 하나의 주체가 될 수 없다. 그는 단지 흐리멍덩한 눈만을 가지고 있기 때문이다. 사회학적인 의미에서 구경꾼은 소극적이며 수동적인, 그래서 대체로 건강하지 못한 것으로 대접받는 행동양식을 가진 방관자로 분류된다. 그러나 우리는 어떤 구경꾼의 눈빛은 드물게 반짝이기도 함을 잊어서는 안 된다. 그들은 현재 시시한 구경꾼에 지나지 않지만, 아직 오지 않은 시간에는 선택하고 행동하는 주역이 되고자 하기 때문이다. 그래서 시인의 구경은 여느 구경꾼의 구경과 다르다. 그는 무언가를 찾기 위해 스스로 구경꾼이기를 자청했기 때문이다. 시인이 시에서 〈저렇게 무엇인가를 찾아 끊임없이 움직인다는 것은 / 때로 얼마나 아름다운 동작인가를 생각하며〉(「마음의 지리부도책을 펼쳐 들고」)라고 말할 때 그의 구경은 탐구의 다른 이름이 된다. 아울러 그가 스스로 규정한 〈아름다운 동작〉인 〈무엇인가를 찾아 끊임없이 움직인다는 것〉도 뜻이 깊어진다. 평론가 구보 씨가 되어 산보한 장바닥에서 그가 본 것은 무엇이었을까.

난장을 한바퀴 산책하다 문득 멈추어 선 이곳
한 그루 은사시나무가 나이테로 세월의 주름을 말아 올리는,
예전이나 지금이나 온갖 농기구들이 망치의 마찰음과
풀무질의 추억에 잠겨 이쪽 풍경을 훔쳐보고 있다
분명 그들의 아버지의 아버지가
아니, 그들의 울음과 함성이 유황불을 삼키면서까지
기세당당했던 이 어두컴컴한 공간에서
나의 주춤한 상상력이 자꾸만 움츠려
움츠린 날개 마음껏 펼 수 없을 때
그들은 무슨 한 맺힌 생각을 어떤 상징으로 품고 있었을까
타앙탕, 탕탕, 타앙탕, 탕탕
어린 시절부터 종종 내가 즐거운 음악처럼 들었었던 저 소리
일몰 무렵이면 혼자 숨죽이며 기다리기도 했던 저 소리

—「평론가 久甫氏의 一日 3」

그는 대장간 앞에서 멈추어 섰다. 대장간이 그를 멈추게 한 것이다. 이번에는 이미 만들어진 농기구들이 대장간 풍경을 훔쳐보고 있다고 했다. 농기구들이 훔쳐본다는 것은 화자가 훔쳐본다는 것과 거의 뜻이 같다. 쇠붙이의 발견과 획득과 사용은 인간의 문명을 결정적으로 전환시킨 계기였다. 우리의 시대가 아직도 철기시대라고 말하는 사람도 있다. 그렇다면 우리 문명은 영원히 철기 시대를 못 벗어날 것이다. 그러나 옛날 같지는 않다. 최초로 쇠붙이를 사용하던 순수한 노동의 세계에서 우리는 멀찌감치 떠나왔다. 그때에 비하면 이제 우리의 노동은 더 이상 순수하지 않다. 적어도 저렇게 풀무질과 불길로 벌겋게 달구어져 망치에 얻어맞으며 거듭 단근되는 철기에

우리는 익숙하지 않다. 시인은 이 유구한 노동의 역동적 현장에서 상상력의 위축을 경험한다. 그러나 어떠랴. 지금 비록 그러하더라도 그의 뇌리에는 아주 오래 전 그 대장간의 소리를 〈즐거운 음악〉처럼 여겼던, 그래서 은근히 기다리기도 했던 기억이 있다. 그것은 그의 기억이기도 하고, 우리의 핏줄 속에 오랜 세월 동안 전해진 까마득한 조상의 버릇이기도 할 것이다. 무엇 때문이건 대장간의 활기는 자연과 사람이 만나는 최초의 순간을 떠올리게 한다. 그 자리는 문명과 자연의 또 다른 경계이기도 한 것이다. 구보 씨가 된 시인은 장터에서 역시 〈경계〉의 순간을 찾았다. 비슷한 깨달음은 어머니 곁에서도 벌어진다.

마늘을 캔다
그 흔한 일자리 하나 제대로 얻지도 못하고
다시 고향으로 되돌아오던 날 오후,
나는 어머니와 산밭 한 귀퉁이에서
봄마늘을 캔다 아지랑이 피어오르는 산길을 따라
어머니는 조심스럽게 호미로 흙을 헤집어 봄마늘을 캐지만
나는 잡풀을 뽑듯 있는 힘을 나해
마늘을 뽑는다 이렇게 몇 뿌리씩 정신없이
뽑아 나가다 보면, 봄마늘 주제에 무엇이 잘났다고
나의 발밑에서 스크럼을 짜듯 악착같이 몸부림 치는 것들
시골과 대처 사이를 오르락 내리락하며 그 흔한 일자리 하나
제대로 잡지 못하는 나를 자꾸만 비웃는 것만 같아
있는 힘 다해 봄마늘을 캔다
어쩌면 우리들도 마늘처럼 따로따로 떨어져

각자 자기의 삶의 몫을 거두어 들이는 것일 거라고
생각하며 정신없이 봄마늘을 뽑아 나가다 보면
이제부터 네 스스로 살아가야 하지 않겠느냐고
어머니의 가엾어 하는 지청구 소리가
이따금 산발 한 귀퉁이 쪽에서
들려오곤 하였다

—「봄마늘」에서

또 하나의 경계가 있다. 화자는 도시에서 일자리를 잃고 어머니가 농사짓는 고향으로 돌아왔다. 어머니를 도와 봄 마늘을 뽑는데, 어머니의 일과 나의 일은 바탕에서부터 다르다. 어머니는 〈조심스럽게 호미로 흙을 헤집어〉 캐지만, 나는 〈잡풀을 뽑듯 있는 힘을 다해〉 마구 뽑는다. 화자는 자신의 발로 걸어간 도시에서 추방당했는데, 어릴 때 자신이 살았던 또 지금 어머니가 일하며 사시는 농촌에서도 부적절한 사람이 되었다. 시에 나와 있듯이 이는 〈시골〉과 〈대처〉의 경계에 불안하게 걸쳐 있는 모습이다. 그에게 마늘은 〈스크럼을 짜듯 악착같이 몸부림 치〉며 삶의 이치를 가르친다. 그렇다고 화자는 생각하고 있다. 화자로 하여금 다시 〈따로따로 떨어져 각자 자기의 삶의 몫을 거두어들이는〉 이치를 깨닫게 하는 마늘의 말 없는 가르침은 자연의 계시이다. 이 자연의 계시는 다시 어머니의 말없는 가르침과 겹친다. 경계에 서서 흔들리고 있는 그를 붙들어주는 손길과 타이르는 속삭임은 그러므로 모두 〈자연〉에서 왔다고 말해야 한다.

경계를 걷고, 보고, 생각하며 시인이 궁극적으로 얻은 것은 무엇일까. 생기와 활력 또는 이들을 얻을 수 있는 희미한 낌새이다. 때로는 우리 문명의 첫 장면을 상상하기도 하면서, 그렇게 시간 또는 경계를 거슬러 올라가면서, 비록 경계를 넘어가 자연 또는 전원적 삶에 푹 안기지는 못했지만, 시인이 힘든 도시의 삶을 견디어 낼 활력을, 그 경계의 너머를 훔쳐봄으로써 얻었다. 험악한 자연 조건 속에서도 참고 기다리며 생명의 씨앗을 놓지 않는 식물처럼 〈겨울 내내 지쳐 웅크리고 있었다 / 그래도 끝까지 살아남아야 한다〉(「이끼」)라고 화자는 다짐한다. 그렇게 힘든 시절을 보낸 후 밝고 따뜻한 계절이 오면 숲에서는 무슨 일이 일어나던가.

> 일제히 쓰러져 신음하던 굴참나무, 너도밤나무, 침엽수들이
> 오늘은 또 빈 하늘의 시간을 끌며
> 서서히 거리의 숲으로 뛰쳐나오네
> 서로의 상처와 상처를 숲의 무늬 속에 놓아두고
> 숲 전체의 소리로 운동을 하네
> 제각기 서로 다른 얼굴을 가볍게 잎파랑으로 말아올리며
> 문득 초록 하나를 만드네
> 서로의 생각과 계곡 사이를, 굽어보며 혹은 훔쳐보며
>
> —「숲은 왜 나무를?」에서

시인은 숲의 변화를 〈숲 전체의 소리로 운동을 하네〉라고 썼고, 그 소산을 〈초록 하나〉라고 했다. 그리고 〈서로의 생각과 계곡 사이를, 굽어보며 혹은 훔쳐보며〉라고 썼다. 〈훔쳐보다〉는 여기서도 또 나왔다. 이름이 저마다 다르고, 만드는 잎사귀의 모양 또한 저마다 다르지만, 그들은 〈초록〉을 만든다는 점에서 같은 길에 있다. 그들은 〈서로의 생각과 계곡 사이〉, 곧 서로의 경계를 굽어보거나 훔쳐봄으로써 하나의 숲을 만든다. 시인은 이를 힘들게 찾아냈다.

경계를 탐구하지 않을 수 없는 김철주의 문학적 기질은 이미 여기에 하나의 독특한 색깔을 만들어냈다. 그것은 〈어린 날 안과 밖이 굳게 닫힌 창문을 열고 / 유리를 닦는 날이면 나는 왠지 / 휘파람이라도 불고 싶었다〉(「유리를 닦는 나의 풍경」)와 같은 구절에서 보듯이 시인의 생애에서 아주 오랜 연원을 갖는다. 말하자면 그는 모든 경계를 허물고 싶은 것일까? 그렇다고 한다면 이때 경계를 허문다는 것은 단절과 대립과 반목을 해소하는 일일 것이다. 그러나 경계는 경계 때문에 생겨나기 보다는, 더 근원적인 중심의 거리 때문에 생겨난다고 해야 한다. 또한 경험적이며 물리적인 경계가 있는 반면, 개념적이며 관념적인 경계도 있다. 이중 더 근원적인 것은 후자일 것 같다. 시인은 또한 〈과연 이곳에 흑과 백이 있기는 있는 것일까 / 의심하며 나도 화려해지고 싶었다〉(「좌르르르」)라고 하였다. 이 세상에 흑과 백이 애초 없었다는 말도 맞고, 원래 있었다는 말도 맞다. 애초 없었는데 사람들이 생각 속에서 경계를 만들었다는 말도 맞고, 원래 있는 것이므로 쉽게 없게 할 수 없다는 말도 맞다. 어쨌거나 우리가 사는 세상에는 흑과 백이 있고, 그 수많은 변형을 포함한 경계가 있다. 시인은, 문학은, 그리고 문학을 사랑하고 문학이 가늠하는 노선에 동의하는 우리는 그 경계를 함께 걷고, 보고, 생각할 용의가 있다. 그리고 실천할 수 있다. 실천한다면, 우리는 그 경계를 애초의 모습대로, 애초에 없었다면 없게, 원래 있는 것이었다면 그 원래의 모습에 가깝게 만들 수 있을 것이다. 시인은, 문학은, 그리고 문학을 사랑하는 우리는 경계를 별로 좋아하지 않으므로 경계의 가까이에 가고자 하는 것이다. 모든 경계는 우리를 유혹한다. 역사는 아무도 선뜻 가 보려 하지 않는 경계를 다녀와 우리에게 더 넓고 놀라운 세상을, 그리고 모험과 자유의 정신을 가르친 사람들을 기억하고 있다.

도시와 자연에 각각 대응되는 현상과 본질의 경계에서 진행된 방황 또는 구도求道는 김철주의 첫 시집을 지탱하는 굵직한 기둥이다. 그의 시는 그래서 곱씹어 볼 만하다. 그는 우리 대부분과 마찬가지로 도시에서 살아간다. 그러나 우리 대부분과 달리 그는 경계에 서고자 애쓴다. 이만으로도 그의 삶은 많이 깨끗해졌으리라. 하염없이 중심을 향하지 않고, 뒤돌아보고 훔쳐보는 그의 태도는 그러므로 근원적인 건강함의 표지처럼 보인다. 김철주와 같은 의미에서라면 우리도 얼마든지 저 알 수 없는 〈너머〉를 훔쳐보아도 좋으리라. 그가 이 시집에서 보여준 독특한 삶의 태도는 또 다른 경계에도 이미 발길을 들이밀고 있다. 그 경계는 삶과 죽음(「무덤이 두 개」, 「발걸음과 발걸음들이」 등), 욕망과 현실(「오 저 눈발 속엔」 등)의 사이에도 있다.(1999)

그리하여 여행은 시작되었다

―이중수의 시집 『황금가지』

1. 나그네의 자격

어떤 이력을 가진 사람이 집을 떠나 세상을 떠돌게 되는가. 진정한 떠돌이는 철저히 혼자가 아니면 안될 것이다. 끝이 보이지 않는 길을 홀로 걸어가는 나그네의 뒷모습은, 따뜻한 집의 거실에서 창밖을 내다보는 사람의 눈에만 부럽고 보기 좋을 뿐 장본인에게도 그렇지는 않다. 그럼에도 집을 등진 채 바람 부는 길을 걸으며 생애를 보내는 사람이 있다. 다시, 어떤 사람이 나그네가 되는가. 누구는 그들에게 집이 없어졌거나 애초 없었기 때문이라고 말한다. 까닭이 이뿐이라면 집을 회복하거나 마련하기 위해 제 삶의 터전에 머물며 싸우는 일이 온당한 처사이다. 집 없는 많은 사람들이 그렇게 한다. 그들이 다 세상을 떠돌지는 않는다. 따뜻한 집을 마련하기 위해 대부분의 사람들은 결혼을 하고 돈을 번다. 아직 집이 없고 마련할 방책이 서지 않는 사람 가운데 몇은 다리나 고가도로 아래에서 산다. 또 누구는 그들이 끝없는 바깥의 유혹 때문에 운명적으로 떠도는 것이라 짐작하기도 한다. 그럴 법하다. 그러나 떠돌이가 되라는 유혹에서 완전히 자유로운 사람은 별로 없다. 평범한 사람들은 방랑의 유혹과 정착의 유혹 사이에서 긴장에 찬 위태로운 나날을 살아간다. 우리의 일상은 매일 길을 나서고 매일 집으로 돌아오는 일의 반복이 아닌가. 제 아무리 바깥의 유혹이 드세더라도 집의 끌어당김이 만만치 않을 경우 우리 대부분은 후자에 패배한다. 집에는 내가 사랑하는 사람과 사물들이 있다. 이 모든 것들을 용감하게 포기하는 자리에 영예로운 나그네의 영토가 있다.

집이 없어서 거리를 떠도는 사람도 적지 않을 것이며, 집을 두고도 떠도는 일이 좋아 세상을 흘러 다니는 사람도 많을 것이다. 그러나 참된 뜻에서 나그네는 이 두 조건을 다 충족시키는 사람이 아니면 안 된다. 이런 벼랑 끝의 조건이라야만 진정한 나그네의 길을 걸을 수 있다. 지칠 대로 지쳤어도 돌아갈 집이 없어야 하며, 영원히 닿지 못할, 철저히 낭만적인 방랑의 명분이 있지 않으면 떠도는 노릇은 오래가지 못한다.

내가 조금은 억지스럽고 엉뚱한 나그네론을 펼치는 까닭은, 한 나그네에 대해 말하기 위해서이다. 그는 시를 쓰는데, 그의 시들에는 한 정착민의 아들이 왜 길을 나섰는지, 어째서 그가 참된 나그네인지를 밝힐 증거들이 있다고 나는 믿는다. 세상의 모든 나그네는 시인이며, 모든 시인은 나그네이다. 지금 한 나그네의 시가 우리 앞에 있으나, 그는 지금도 먼 이역을 떠돈다.

2. 나무의 형이상학

시인은 나무를 좋아한다. 시인만이 유독 나무를 좋아한다고 말하는 것은 옳지 않다. 시인은 나무를 좋아하는 수많은 사람들 속에 들어 있다. 이중수의 시에서 나무는 도처에 가지와 잎을 드리운다. 그러나 그의 시는 순정한 자연시와 전원시 또는 생태시처럼 나무들을 객관화한 외계의 사물들로 멀리 세워 두지 않는다. 그에게 나무는 자신의 삶과 환경에 겹쳐지는 자신의 다른 모습이다. 따라서 이 나무는 시인의 속마음을 비춰내는 그림이기도 하고, 사람들과 나누는 관계를 지시하는 약호이기도 하다. 그만큼 그의 나무는 형이상학적이다. 나무와 내통하는 그의 문맥들은 일정한 화살표를 가지고 있다. 이 화살표는 시인이 길을 나서게 된 내력을 가리키고 설명한다. 시인이,

> 어둠 속에서 내가 나를 부른다
> 소리도 없는 어둠 속에서
> 내 이름을 부르고 있는 나무들께 인사한다
>
> —「어둠 속에서」에서

라고 쓸 때, 〈나〉는 나무와 구별되지 않는다. 〈나〉를 부르는 〈또 다른 나〉와 〈나무〉가 있는 곳은 〈소리도 없는 어둠 속〉이다. 그곳이 완벽하게 조용하고 캄캄하다는 말은 우선 그곳에 대한 정보가 전혀 없다는 뜻이겠지만, 이중수의 문법으로는 〈존재의 근원〉이라는 뜻이기도 하다. 이렇게 마음속에 있는 〈나〉의 어떤 부분은 〈나〉에게 존재의 근원을 향한 여행을 제안한다. 〈나〉는 이 제안을 〈인사〉로서 응낙한다.

나무는 정착한 삶의 표상이다. 그들은 한번 뿌리내린 곳에서 삶을 마친다. 사는 동안 다른 개체들과 일정한 거리를 유지한다. 그래서 나무의 생태는 지나치게 서로 가까워지는 일을 허용하지 않는다고 말해도 좋다. 그들은 서로 육체를 교섭하지 않은 채 우정과 사랑을 나누는 방법을 안다. 멀리 서서 바라보면서도 그들은 사랑하

고 번식한다. 보기에 따라서는 아주 괜찮은 모양이다. 그래서 나무의 생태는 시인의 눈에,

> 존재의 숲에서 다른 숲을 향해
> 두 팔을 휘젓고 있는
> 한 그루 말라비틀어진 고목
>
> —「시인」에서

에서 보듯이, 동물보다 훨씬 고결한 〈형이상학적 형상〉으로 관찰된다. 과학적으로 말하자면 나무의 아름다움은 더 많은 빛을 얻기 위한 몸짓의 결과일 뿐이지만, 심각한 표정의 시인에게는 실존적 고뇌를 함축하고 있는 의미심장한 그림으로 수용된다. 지금 시인의 눈앞에서 고목의 몸짓은, 살아 있을 때 지속했던 필생의 노력을 쓸쓸히 증거하고 있다. 그러나 나무는 끝끝내 〈다른 숲〉에 닿을 수 없으므로 이 몸짓은 영원히 안쓰러운 노력에만 머문다. 붙박인 나무의 운명은 정착한 사람의 운명과 같다. 실상 고목은 훌륭히 자신의 삶을 살고 죽어갔을 테지만, 시인은 이에 자신의 속마음을 투사했다. 나무를 화두로 한 시인의 명상은 꼬리를 문다. 쉽게 뿌리를 만들고 쉽게 푸르름을 이룩하는 어떤 관상목을 본 시인은,

> 모두가 홀로다
> 홀로 사는 것만이 최선이 아니라 해도
> 홀로 견디는 것만이 자신을 이기는 길이다
> 빈 그림자 남기도 자신에게 떠날 때까지
> 그렇듯 홀로 자신을 참아 내는 것만이

자신을 지키는 일일 뿐이다

—「행운목」에서

라는 한 다발의 금언을 만든다. 여기서 시인이 주목하는 것은 이 관상목의 과묵하고 의연한 모습이다. 그는 〈홀로〉, 〈견딤〉, 〈참음〉 그리고 〈자신 지키기〉라는 몇 개의 고집스런 말들을 연상해낸다. 나무를 화두로 한 시인의 명상이 도달한 하나의 깨달음이다. 그렇다면 시인의 여행은 이 깨달음의 배후를 밝히려는 노력과 다르지 않다. 새로운 시작은,

새벽, 만일 우리가 하나씩 나무로 선다면

땅 끝에서 부는 바람조차 무섭지 않으리라

—「벽」에서

에서 보는 진정한 존재의 모습에 이르는 일을 목표로 삼는다. 거실의 나무에서 얻은 지식을 들판의 체험으로 이으려는 시도는 길을 나서는 시인이 지닌 최종적인 과업이다. 말하자면 이 나그네는 어떤 나무를 찾아 길을 나선다. 이 나무는 애써 찾아야 할 무엇이며, 동시에 또 다른 자신이며, 그의 발길을 내딛게 하는 동력이다.

3. 멀어진 사람들

나무를 보는 시인의 표정을 눈여겨본다. 이 표정이야말로 무심한 식물을 심각한 배경을 가진 은유의 그림으로 바꾸는 신통력을 가졌기 때문이다. 한 시절이 지난 사람의 표정은 그의 삶이 지나쳐온 다난한 곡절을 켜켜로 담고 있다. 이중수의 새 시집에 실린 시들은,

자신을 빚은 사람이 어떤 체험을 가진 사람인지를 알려준다. 시에 드러난 체험을 곧바로 시인의 체험으로 이해하는 어리석음을 경계하고 싶지만 다른 방도가 별로 없다. 대부분의 서정시에서는 한 사람의 낮은 목소리가 시종 얘기한다. 그는 시인 자신일 수 있고, 시인과 전혀 다른 사람 그러나 시인 자신이 지대한 관심과 매력을 갖는 삶을 살아가는 가상의 사람일 수 있다. 어느 쪽이건 예술 작품으로서 글을 읽고 있는 독자가 지나치게 신경 쓸 필요도 없고 그래서는 안 되는 경우도 많다. 관건은 어느 쪽이 그 시를 더 잘 즐기는 길인가이다. 시인이 어떤 사람인가 하는 종류의 관심은 그래서 문학의 자리에서 부수적일 수밖에 없다. 적어도 오늘날은 그렇다. 나는 이중수 시인이 쓴 한 권의 시집 속에 드러난 한 목소리의 주인공을 살피려 한다. 나중에 드러난 한 사람이 시인 자신일 수도 있고, 그와 매우 닮은 다른 사람일 수도 있다. 전혀 아닐 수도 있다. 어느 쪽이라도 그는 시인 마음속의 누구일 테니까 헛수고가 되지는 않으리라.

심각한 장면에서 시인은 누이의 죽음을 상기한다. 「아버지를 위하여 2」에는 시인의 가족사에 대한 소상한 정보가 있다. 이에 따르면 그의 가족은 가난하지만 행복했다. 가족들은 아버지가 마련한 작지만 아담하고 튼튼한 집에서 살았다. 그러니 가정은 천천히 파괴되어 갔고, 그 직접적 징후는 구성원의 육체적 피로와 피폐로 드러났다. 부모가 모두 병들었고 형이 지치고 누이가 〈여름비에 흩어지는 등꽃처럼〉 되자, 그는 〈길 위를 떠도는 바람〉이 되었고, 결국 누이는 세상을 등졌다. 어두운 가족사와, 이 중에서도 누이의 죽음이 그의 방랑에 하나의 동기를 제공했음을, 「죽엽에서 바다에로」 등의 다른 시를 통해서도 알 수 있다.

집 바깥에서 시인이 사람들과 맺은 관계도 대체로 암울한 바탕색

위에 있다. 이는 그가 이십대의 대부분을 1980년대에 보냈다는 점과 깊은 관련이 있다. 지금 길에 서서 추억하는 옛날의 사람들은 다 마무리가 개운치 않은 관계에 있는 사람들이다. 실연은 일시적이나마 방랑의 길로 우리를 떠미는 흔한 계기이다. 그는 〈천장이 높으면 생각도 깊어진다고 / 내게 말없이 속삭이던 사람〉(「방」)과 헤어졌다. 그가 남자인지 여자인지는 뚜렷하지 않지만, 〈말없이 속삭이〉는 것으로 미루어 나는 그가 여자이며, 시인의 연인이었으리라고 짐작한다. 다른 시 「사랑은」에서 시인은 사랑을 〈달코롬한 속임수〉, 〈꽝난 복권〉, 〈뻥 튀겨진 미래〉, 〈사랑한 사람만이 손해 보는 놀음판〉, 〈본전만 생각나는 화투판〉이라 하고, 사랑한다는 것을 〈자신의 몸에서 쓸개를 떼어내는 일〉, 〈바퀴벌레처럼 틈만 나면 금간 마음을 기어 다니며 도취의 알을 까는〉 일, 〈늘어가는 빚〉과 같다고 했다. 이런 부정적이고 회의적인 언어들은 그가 경험한 연애가 매우 불운한 것이었음을 암시한다. 그래서 그는,

> 하여 사랑하는 자는
> 자신의 텅 빈 마음속에
> 악어를 키우고
> 관능의 발톱으로 자신을 물어뜯는다
>
> —「사랑은」에서

와 같은 쓸쓸한 결론에 도달한다. 사랑의 감정 자체는 하나의 작은 동기에 지나지 않는다. 이는 시간의 흐름과 함께 성공과 실패의 양단으로 선명히 분리된다. 성공하지 못한 사랑은 더 이상 아름다울 수 없다. 지난 사랑을 돌아보매 결말이 허무하더라도 과정이 아름다

웠더라는 풍문은 대부분 실패자의 합리화이거나 자기기만이다. 그렇게 함으로써 무엇을 얻는가. 새로 오는 아침을 좀 더 가볍게 맞을 힘을 얻을 뿐이다.

> 되돌아보면 순전히 여자뿐이다
> 나는 그들 모두를 사랑했고
> 그들 중 일부만이 나를 사랑했다
>
> —「한계」에서

서른을 지난 남자에게 여자는 무엇인가. 인용한 부분 바로 앞에서 시인은 순전히 여자뿐인 명단을, 약간의 설명을 곁들여 나열했다. 그들은 〈인간의 한계를 너무도 빨리 깨닫고 죽은 어린 누이〉, 〈내 사랑의 고백을 빚처럼 되돌려주고 떠난 여인〉, 〈쇠잔한 미소로 나를 쓸쓸히 굽어보는 성모 마리아〉, 〈파밭을 힘없이 좇아다니던 어머니〉, 〈나를 사랑했던 곱사등 같은 여인〉 등이다. 모두 행복과는 거리가 멀다. 그럴 수 있는 일이다. 서른이 넘은 남자에게 남자는 무엇인가. 같은 시에서 시인은 그의 인생에서 우정의 나누었던 남자들이 의리와 배신, 삶의 기교와 권모술수, 이 세상의 철리哲理와 저 세상의 영원한 속임수를 함께 가르치던 존재라고 회상한다. 체험으로 단단하게 다져진 이런 인생관은 지나치게 쓸쓸하고 치우친 것이다. 그러나 체험은 수정할 수도 설득할 수도 없다. 나도 시인과 같은 편이다.

지금 이 세상에 없는 어떤 사람이 시집 속에 있다. 시인과 그가 나눈 추억은 1980년대 이 땅에 서식했던 모든 청춘 공동의 몫이라 할 수 있다.

고행자와도 같이 다 떨어진 운동화에
허름한 셔츠를 두르고
기다란 대자보 벽보를 둘둘 말아
겨울 언 땅을 디디고 선 그의
눈가에 물기 한 점 없는 눈꽃이 내리던 것을
나는 보았다

—「변화」에서

〈다 떨어진 운동화〉를 신고 〈대자보 벽보를 둘둘 말아 겨울 언 땅을 디디고 선〉 젊은이가 1980년대에 무엇을 하던 사람인지를 떠올리기는 어렵지 않다. 그들의 시대는, 인용하지 않은 부분을 참고하면, 〈겨울의 눈금을 향해 열려 있〉는 시계로 지배되었다. 바로, 야학에서 어린 노동자들에게 국어와 역사를 가르치며, 자주 학교에서 잠을 자던 사람, 선한 사람, 〈삶에는 어떤 당위성이 있어야 한다〉거나, 그 당위성은 〈위로부터의 은총이 아니라 아래로부터의 분출이다〉라고 말하는 사람, 무언가 큰일을 준비하는 사람, 이를 흔쾌히 희생으로 받아들이는 사람, 이런 사람들의 시대가 1980년대이다. 지금 그는 죽었다. 젊은 날의 인간관계 전반을 돌아보며 시인은,

그러나 지금 내게 무엇이 남아 있는가
내 초라한 무덤이 저기서 나를 기다리고 있다

—「한계」에서

라고 말한다. 우리는 모두 자신의 의지와 무관하게 태어났고, 무엇을 찾을 수 있을 거라 믿으며 탕진한 젊은 시절을 지나 이제 이 모두를

돌아보며 쓸쓸히 늙어〈가는〉 것이다. 이 〈가는〉 길은 무덤으로 이어진다. 무덤은 인생이 얼마나 찬란했는지, 장식이 얼마나 야단스러운지와 무관하게 초라한 법이다. 누구나 무덤을 향해 가지만 우리는 그 도정을 선택할 수는 있다. 무덤으로 가는 길은 너무나 많다. 어떨 때 턱없이 즐거워져서 삶에 소중한 무엇이 조금이나마 있다고 믿는다면, 이는 바로 무덤에 이르는 무수한 길 가운데, 우연히 들어선 어떤 길이 주는 사소한 즐거움 때문일 것이다. 목적지를 바꿀 수는 없으나 길을 내가 선택할 수 있다는 깨달음은 즐겁다. 〈너무도 늦게 깃들인 생에 대한 자각 / 너무도 늦은 자신과의 만남 / 그리고 때늦은 후회〉(「감각의 극점」)는 새로운 길의 발견 또는 이를 위한 노력의 여지에서 비롯한다. 그래서,

안녕 모두여

내 그대들을 사랑했던 것처럼
이제 내 홀로의 생을 사랑하겠네

—「이제는」에서

와 같은 선언은 건강하다. 자신에 대한 사랑을 전제하지 않은, 남을 향한 사랑은 모두를 피곤하게 한다. 이제 새로 시작하는 기나긴 여행은 순전히, 그 동안 소홀히 했던 자신만을 위한 실천이 된다.

4. 길 위의 시간, 또는

그리하여 여행은 시작되었다. 이 여행은 〈사라진 생에게로 떠나고자 함〉이며, 대안 없음이 판명된 유일한 〈참다운 시작〉이며, 무기력

과 나태와 헐벗음에서 벗어나고자 하는 운동이다(「감각의 극점」). 또한 이 여행이 누군가를 만나기 위한 도정이라면, 〈그를 만난 것은 내 삶의 열쇠를 찾는 일 / 비로소 캄캄한 절벽에서 벗어나는 일 // 아무것도 달라진 것이 없다 / 그러나 내 전체가 바뀌었다〉(「행운」)에서 보듯, 그는 삶의 열쇠를 가진 사람이며, 〈나〉를 캄캄한 절벽에서 벗어나게 해줄 사람이며, 〈내〉 삶 전체를 흔적 없이 바꾸어줄 존재이다. 다시 여행은,

> 빈 잔에 술을 따르듯
> 내 안에 무엇인가를 가득 채우는 일
> 바람은 시간의 언저리로 불고
> 떠나면서 슬퍼하지 않는 일
> 떠난 곳으로 되돌아오며
> 낯선 얼굴들 한 움큼 떠올리며
> 바람기 잠재우는 일
> 그리고 기억 속에 취하는 일
>
> —「여행」

에서처럼 수많은 기억의 풍랑으로 잠들지 못하는 자신의 속마음을 잠재우는 일이며, 자신의 삶이 물결 없는 바다 위를 순항하게 하려는 기도의 표현이다. 빈 나를 다시 채우고 이별 앞에 의연하며, 예리한 기억의 파편에 눈빛 흔들리지 않고 스스로 취할 수 있다면 〈무덤〉에 닿은 길은 슬프지 않을 것이다. 어떤 사람에게 여행은 정신의 첨점에 이르기 위한 고행이며 참선이다.

이중수의 새 시집에는 막 젊음의 뜨거운 시절을 지나온, 또는

아직도 그 끄트머리에 서 있는 젊은 시인의 첫 시집처럼 수많은 가능성과 갈래 많은 내력으로 넉넉하다. 세 번째 시집인 점을 염두에 두면 이는 뜻밖이다. 다시 말해 이는 처음으로 기약 없는 먼 여행길을 나서는 사람의 짐 꾸러미처럼 두텁고 무겁다. 그래서 진지하지 않을 도리가 없다. 그의 시집에 실린 시들이 주는 좋은 느낌과 그렇지 않은 느낌은 다 같이 이 진지함에서 온다. 이 기대와 욕심이 사라질 무렵, 가닥이 많이 추슬러질 무렵 한 사람의 젊은 시인은 한 사람의 원숙한 시인으로 자라나는 것이리라.(1997)

생명의 징후 찾기

—심종록 시집 『는개 내리는 이른 아침』

1.

심종록의 시는 쉽고 재미있다. 이는 그의 시가 내면의 심연에 몰입해 있지 않고, 바깥세상으로 열려 있기 때문이다. 다른 많은 시인들의 시를 통해 낯익은 것이지만, 심종록이 바깥세상을 대하는 태도도 따스하고 너그러운 것이 아니다. 세상을 더럽게, 못마땅하게 여기는 생각은 충분히 동의할 수 있는 것이다. 이런 생각이 매너리즘의 혐의를 가질 수도 있지만, 사실 우리들의 욕망에 비해 이 세상이 준비하고 있는 것은 얼마나 빈약한가? 일상의 일에서 경험하는 작은 위로를 제외하면, 이 빈한한 세상은 무시해도 좋을 정도로 적은 수의 사람들을 제외한 거의 모든 사람들에게 상처를 안기고 신음 속에 죽어가게 한다. 종교의 가르침은 늘 이 더럽고 마음에 차지 않는 세상을 견디고 사는 방법에 닿아 있으며, 일상의 작은 위로를 마음속에 오래 기억하는 방법과 관련이 있다. 아울러 위대한 말씀은 이 세상에서 견디고 사는 보상으로 다른 세상의 존재와 거기서 기다리는 행복을 강조하고 있는 것이다. 심종록의 시는 이 세상 살아가기의 다기한 양태를 선보인다. 늘 축축하고 눅눅한 날씨

속을 떠돌며 그는 세상을 읽는다. 그럼에도 불구하고 심종록의 시가 재미있는 것은 이상하지 않은가? 이는 세상이라는 대상을 대하는 시인의 태도가 일정한 판단중지의 어법으로 견지되기 때문이며, 대상을 희화화하는 방식으로 거리를 유지하기 때문이다. 심종록의 시는 대체로 익살과 재기의 표정을 가지고 있다.

2.

심종록 시의 날씨는 자주 찌뿌둥하다. 그리고 〈후줄근하〉(「박쥐의 초음파가 필요합니다」)다. 하늘에서는 무언가가 떨어지고 있는데, 그것은 여름날의 시원한 소나기가 아니며 겨울의 함박눈도 아니다. 어중간한 진눈깨비이거나 감질 나는 는개이다. 이는 세상을 되비추는 심종록의 내면의 기후이며, 곧 심종록이 품은 세계상의 성격이다.

- 산성비를 맞으며(「심종록」)
- 그만 그만하게 비가 내리고(「허정사에서」)
- 진눈깨비(「진눈깨비1」)
- 는개 내리는 이른 새벽(「는개 내리는 이른 새벽의 우물」)
- 손수레 좌판 / 머리핀 위에 / 진눈깨비(「진눈깨비2」)
- 대림장 여관 간판이 젖는다 / 가는 비(「가는 비 온다」)
- 녹으면서 내리는 / 미친년의 / 눈(「봄 눈」)
- 성령이 는개 내리는 아침(「수가성의 여인」)
- 몸을 일으킨다 추적 추적 / 진눈깨비 / 내린다(「이월」)

이와 같이 구중중한 날씨에 주로 심종록 또는 화자는 사창가를 찾는다. 산업사회의 도시를 상징하는 〈수가성〉을 소재로 삼은 시편들에서 보듯이 성의 상품화 현장은 그가 보는 병들고 더러운 세상의 적절한 축도이다. 그러나 심종록의 태도는 그것을 악의 구렁으로 보지도, 찬미하지도 않는 유보적 성격을 띤다. 그는 그들의 원형 즉 생명의 기억을 찾아내려고 한다.

> 헝겁으로 닦으면
> 빛나는
> 홍옥을 사러
> 청량리에 간다
>
> —「홍옥」에서

눈앞의 홍옥이 더러운 모양을 하고 있지만, 처음부터 그랬던 것은 아니라고 시인은 생각한다. 그는 먼지를 뒤집어 쓴 오욕의 홍옥을 사서 헝겊으로 깨끗이 닦아줄 것이다. 홍옥이 먼지를 덮어쓴 채, 〈태양처럼 빛나〉던 생명의 꿈을 잃은 것은 세상에 가득한 더러운 욕망 때문이다. 욕망 자체는 더러운 것이 아니겠지만 그것을 처리하는 인간의 양태는 더럽기 짝이 없다. 핏줄을 이어가고 생명의 존속를 보장하는 건강한 욕망은 이 세상에서,

> 그녀가 방으로 들어서자
> 나는 시퍼런 칼을 들이밀었어
> 목에다 칼을 대고
> 스타킹을 벗겼어
>
> —「간식」에서

와 같이 폭력적으로 성취되거나,

아으 아으 몰래 준비한
콘돔이 젖는다

—「가는 비 온다」에서

와 같이 본질과 비본질이 전도된 양태로 이루어질 수밖에 없다. 그러나 시인은 성인군자의 목소리로 질곡의 세상을 꾸짖지 않는다. 이는 심종록 시의 특징일 뿐 아니라 1980년대 이후 우리 시의 한 특징이기도 하다. 복잡한 세상에서 시인은 더 이상 세상 이치의 전모를 감지할 수 없게 되었는지도 모른다. 1980년대 이후 우리 시의 한 갈래는 대상에 대한 가치판단을 중단한 채 현상을 보고하기만 한다. 그것은 보고의 한 형태이지만, 판단의 몫은 고스란히 독자에게 넘겨져 독자를 어지럽게 만들기도 한다. 특히 욕망의 세계는 그 자체가 완강한 유혹의 힘을 가지기 때문에, 대체로 개인적인 행위일 경우가 많은 독서의 마당에서 그 말초적 유혹이 스스로 독자적인 수요와 공급의 관계를 형성할 수가 있다. 심종록의 시와, 그보다 훨씬 선정적이라 할 수 있는 젊은 시인들의 소작에서 나는, 너무 상세히 또는 상상의 여지를 충분히 남기며 쓰인 성적 폭행의 신문기사를 읽을 때와 같은 종류의 성적 자극을 느낀다. 부끄러운 일이지만, 우리들의 욕망은 이처럼 터무니없는 것이기도 하다. 시가 대중주간지 기사와는 달라야 한다는 것이 우리의 희망이지만, 시인이 도덕률을 방송하고 다니기에 오늘의 세상은 너무 복잡하다. 시인은 이제 한 사람의 인간이며, 그것도 가장 순진하고 어리석은 개체일 뿐이다. 그래서 욕망을 받아들이는 모습도 일면 자연스럽다.

심종록 시의 재미가 〈보고〉의 성격, 그것도 퍽 말초적인 소재에서만 오는 것은 아니다. 넓게 보아 이는 그의 시적 사고방식에서 오는 것이지만, 구체적인 시행에서는 재치에 넘친 시상 전개의 기술에서 온다. 「생활 3」을 상세히 읽어보면 이 시가 익살과 재기에 의해 묘하게 마감되고 있음을 알 수 있다. 알다시피 익살과 재기는 삶의 부피와 무게를 작고 가볍게 처리하는 기재이다. 이 작품은 혼자 두 아이를 키운 어머니가 추석날 죽은 남편의 무덤에 찾아와 늘어놓는 넋두리를 줄거리로 한다. 상식적으로 그것은 원망과 서러움의 정조를 띨 것으로 예상되는데 사실 이 작품도 그렇다. 그러나 마지막 두 줄에서 재미있는 반전이 일어난다.

> 웬일일까요 당신 얼굴이 잘 생각이 안나
> 옆방 신씨 얼굴이랑 언듯언듯 겹쳐 나타나는 것은요
>
> —「생활 3」에서

솔직하고 인간적이다. 이런 결구는 오히려 시를 풀어 놓는다. 결구結句가 아니라 해구解句가 되고 있는 것이다. 이 구절을 읽으며 나는 몇 번 만난 심종록의 웃음을 떠올린다. 아마 그가 달변의 주인공이었다면 대단한 재담꾼이었을 것이다. 아니 그가 달변이 아니기 때문에 시로 그 숨은 재주를 펼치고 있는 것은 아닌지. 이런 재기는 삶을 바라보는 시인의 시선이 근원적으로 호기심어린 것이라는 증거와 다르지 않다. 호기심은 한층 더 세심하게 삶의 결을 읽어내는 데 도움이 된다.

「흔적」은 심종록의 호기심이 찾아낸 재미있고 뜻 깊은 그림이다. 나는 이 시와 같은 형식의 시를 개인적으로는 좋아하지 않는다.

이런 시는 인용하기조차 번거롭고 곤란하다. 그러나 이 시는 이 시집에 실린 심종록의 시 가운데 가장 인상적이다. 단속되는 12개의 전광판을 그려놓고 있다. 이 전광판은 병원에서 약을 기다리는 사람들을 위한 것으로, 조제가 다된 순서의 번호를 알려준다. 마지막 것을 제외한 열한 개의 그림에는 상단에 〈번호판에 불이 켜지면 약을 찾아가시오〉라고 쓰여 있다. 그리고 그 열한개의 그림에 〈26〉번은 계속 불이 켜져 있다. 다섯 번째에서 열한 번째까지는 〈26〉번 하나만 켜져 있다. 마지막 그림은 아무 것도 나타나 있지 않은데, 이는 조제 업무가 다 끝난 것을 지시하고 있다. 결국 〈26〉번 환자는 약을 타 가지 않은 것이다. 독자는 이제 복잡한 상상을 해야 한다. 그 환자는 약이 필요 없게 되었거나, 다른 더 중요한 일이 생겼을 것이다. 전자는 그가 죽었거나, 나았을 경우이다. 다른 병원으로 갔을 수도 있다. 어쨌든 26번 환자에게 필요한 약을 마련하는 동안, 26번 환자에게는 무슨 일이 생긴 것이다. 살아 있는 것들의 일은 다른 곳에서 엉뚱한 징후를 드러내기도 한다. 세상은 암울하고 더럽기도 하지만, 이처럼 재미있기도 하다. 그러나 재미있는 일이 어떤 사람에게는 슬플 수 있다. 그에게 무슨 끔찍한 일이 생겼는지도 모른다. 아니면 기다리다가 잠들었거나.

「화분」, 「간식」, 「파지」, 「전문가」 등의 시도 재미있다. 「화분」은 질경이 싹이 돋아난 것을 〈여자가 / 주인집 강아지를 사랑하듯 / 낯선 사내를 받아들이듯〉이라는 재미있는 직유로 표현하고 있다. 「간식」은 강간의 장면을 복잡한 상징적 행위들과 뒤섞어 묘사한다. 또 「파지」는 〈구리나 양은 같은 것은 없느냐〉는 강냉이 장사의 말을 〈내 살아온 날들에〉라는 구절을 덧붙여 받아들임으로써 의미 있는 반전을 이룬다. 「전문가」는 과일장수의 속임수를 자신의 시

짓기의 속임수와 병치하며 너스레를 보여준다.

세상에 대한 관심은 자신에 대한 관심의 다른 표현이기도 하다. 심종록은 익살과 재기의 발동을 자신의 문제에서는 자제한다. 심종록의 시는 지난 10여 년간 우리시에서 실험된 형식을 골고루 포용하고 있으나 유독 자신의 문제는 형식실험의 대상에서 제외된다.

나무에 사과
매달려 있음이여 주렁주렁
뿌리의 입덧이 한참 심해
선혈 흘리며

내가 아픈 것은
어머니도 나를 배고 저 하늘 베어 먹은 탓일까

철조망 근처
과수원 길을 걷다
떨어진 한 알을 줍네

한 쪽이
물들어 있는

—「떨어진 사과」

〈떨어진 사과〉는 〈아픈〉 〈나〉의 등가물이다. 몸과 마음이 조금씩 아프지 않은 사람은 없지만, 사실 심종록은 그의 표현대로 몸이 조금 〈아프〉다. 그러나 그의 시는 건강하며, 따라서 시인 심종록은 건강하다. 그의 시를 읽는 데 그가 몸이 조금 〈아프〉다는 사실을 심각하게 고려할 필요는 없다고 나는 생각한다. 「떨어진 사과」는 이 시집에서 유일하게 심종록의 스스로의 불편함에 대해 밝히고 있는 구절이다. 하지만 직설적이지는 않다. 그래서 우리는 이 시를, 우리 모두가 느끼는 몸과 마음의 아픔과 다름이 없는 공감 속에 읽게 된다.

육체적이든 정신적이든 자아의 현실이 〈아픔〉으로 표현될 수 있으며, 그것이 또한 〈어머니〉와 관련된 생래적인 것이라는 사실은 그 아픔의 성격이 완강한 것임을 암시한다. 이처럼 어두운 자아의식은 즉흥적, 일시적인 것이 아닌 속 깊은 연유를 가지고 있다. 심종록의 의식 심층에는 어떤 꿈이, 다시 말하면 어떤 원형의 소망이 있는 것일까? 그 성격은 어떤 것일까?

> 이젠 가자 나와 더불어 부는 바람아
> 무성하도록 잎만 자라버린
> 도시의 꿈은 이제 버리고
> 낡은 목선이 밑창을 드러내고 누운 밤이면
> 야광충이 모여 별처럼 반짝이는
> 아직은 밝음에 물들지 않은
> 내 처음의 어둠인 모리티우스로
>
> —「귀향」

〈모리티우스〉는 그의 고향인 모양이다. 그는 이제 〈나와 더불어 부는 바람〉에게 〈모리티우스〉로 돌아가자고 한다. 이 〈바람〉은 운명일 것이다. 〈도시의 꿈〉이 무성하게 잎만 자란, 부정적인 현상인 것은 열매를 맺지 못했기 때문이다. 열매를 맺지 못하는 무성한 잎은 허무하다. 그래서 〈야광충이 모여 별처럼 반짝이는 / 아직은 밝음에 물들지 않은〉 모리티우스로 가려고 한다. 그는 도시에서 열매의 꿈을 이루지 못하고 떠나려 한다. 실패를 확인한 후 그는 소망을 철회하고 있다. 그가 가려고 하는 모리티우스가 〈밝음에 물들지 않은〉 곳이라는 표현은 심각하다. 적어도 이 구절에 한해서 시인은 〈밝음〉을 좋지 않게 보고 있다. 심종록은 어둠을 스스로의 근원으로 본다. 그의 꿈은 좌절되었고 다시 처음의 어둠으로 돌아가려 한다. 세상은 어둡고 나도 어둡다. 안쓰러운 일이지만 나는 그가 모리티우스로 돌아가지 않기를 바란다. 심종록이 도시 즉 인간의 세상에서 끝내 열매를 볼 수 있기를 바란다. 그것은 다른 구절에서 간취할 수 있는 방증을 참고할 때 〈모리티우스〉는 결코 궁극적 위안의 공간이 될 수 없을 것이기 때문이다.

모리티우스에는 바람이 불지 않아요
모리티우스에는 바람이
불지 않아요 모리
티우스에는 냇물이
흐르지 않아요 갇혀
시간만 시뻘겋게 타고 있어요 바람은
불지 않고요 시뻘겋게
아가릴 벌리고
시간이 타고 있어요 뼈가
드러나게 타고 있어요 결코
바람이 불지 않아요 모리

티우스에는

—「컵 속의 장미꽃」

컵 속으로 녹아드는 목소리
붉은 산데리아 꽃이 핀다
한 점 미풍도 불지 않는 여기는
사방이 꽉 닫힌 모리티우스
죽음이 무언지도 모른다
다만 흐르는 것은
컵 속에서 녹는 스푼안의 설탕
흐물거리며
시간만이 재로 부서지고 있을 뿐이다.

—「현상」

모리티우스는 생명현상이 없는 또는 생명이 무의미한 어떤 곳이다. 그곳에는 바람이 없고 냇물도 없고 죽음도 없다. 다만 시간만이 타서 재가 되는 곳이다. 절대적 무의미의 공간, 무생명의 공간이 모리티우스인 셈이다. 그곳은 허무의 세계이다. 생명의 징후를 찾는 일이, 그 험하고 고된 도정에도 불구하고, 마감될 때 그는 모리티우스에 가 있을 것이다. 생명의 징후를 찾는 심종록의 일이 성공하기를, 또는 영원이 이어지기를 빌며, 이 세상의 열매를 그가 스스로 맺게 되기를 바란다.

오는
비

온 몸으로 받으며

씨앗을 고른다

—「봄비」에서

심종록이 씨앗 고르는 일을 버리지 않고, 세상 어딘가에 상하지 않은 생명의 징후가 있으리라는 믿음을 버리지 않는다면, 그는 영원히 〈사랑할 수 있을〉 것이다.

3.

심종록의 언어는 그의 내면에 자리잡은 활달하고 익살스러운 성격을 은근히 보여준다. 이와 같은 심종록의 개성은 흔한 것이 아니다. 그의 세계는 어두운 근원에서 생긴 그림자에 넓게 침윤되어 있지만, 그의 어투는 엄숙하거나 처량하지 않다. 심종록의 시적 탐구가 생명의 징후를 찾는 일이라고 할 수 있다면 지금 그 결과는 넉넉하지 않다. 생명의 징후는 없거나, 있더라도 무척 처참한 모습을 하고 있기 때문이다. 실제 세상이 그렇다는 데 나는 동의하지 않을 수 없다. 생명의 배경은 어둡고 축축한 것이며, 오늘의 형편은 더욱 그렇다. 나는 심종록의 징후 찾기가 결국 우리 모두의 무의식적 소망을 표현하고 있다고 믿는다.

나는 형식실험에 경도되고 있는 심종록의 관심이 한층 더 내발적이고 절박한 근거를 가지게 되기를 희망한다. 내적 동기를 확보하지 못한 형식 실험의 유혹은 시인의 의도와 무관하게 주제를 억누를 수 있다. 재미있고 쉬운 심종록의 시가 더 깊고 너른 내면의 공간을 가지기를 기대한다.(1992)

죽어가는 세계와 미라의 상상력

—최승호 시집 『고해문서』

1.

최승호의 시에는 진지한 명상의 흔적이 있다. 그 시의 외장도 무겁고 절제된 운율을 가지고 있다. 어떻게 보면 건조하고 황량해 보이기도 하는 최승호 시의 외장은 더 단단하고 핍진한 사고의 기록이 되도록 고안된 시작의 틀에서 연유한다. 다시 말하면 최승호의 시에서 율격은 다른 효과를 극대화하기 위해 방법적으로 위축되어 있다. 그의 시는 노래하거나 읊거나 외는 일과 거리가 멀다. 그의 시는 〈들여다보는 것〉이며, 독자는 명상하는 시인의 곁에서 함께 명상하도록 권유받는나.

최승호의 시가 꾸준히 명상하고 있는 대상은 〈죽음〉이다. 죽음은 그의 의식에 충격적인 경험으로 불현듯 다가온 것이다. 죽음과 〈마주치기 전에는 / 삶이 그렇게 놀라운 것도 외로운 것도 아니었〉(「휘둥그래진 눈」)지만, 끔찍한 해후 이후 그는 〈누구든 죽음의 반대편으로 노젓는 일이란 없는 것〉(「변기」)이라는 냉엄하고 착잡한 현실을 깨닫게 되었다. 이제 시인은 세상이 죽음의 과정 속에 있고, 사람과 사물은 죽어가는 세상의 한 부분으로서 당연히 어느 몫의 죽음을 실행하고 있다고 여긴다. 그래서 그는 세상의 모습을 죽음의 불길한 상징으로 바꾸어 읽는 작업에 몰두한다. 그에게 세상의 사소한 사건과 사물들은 제각기 스스로의 죽음을 상징하는 구체적 사례이다. 초기의 대표시 「대설주의보」를 이후 전개될 그의 시작 행로를 가늠하는 하나의 이정표로 읽을 수 있다.

> 다투어 몰려오는 힘찬 눈보라의 군단,
>
> […]
>
> 눈보라가 내리는 백색의 계엄령.

—「大雪注意報」에서

〈군단〉, 〈계엄령〉 등의 정치적 — 엄밀하게 군사독재적 — 인 말들이 지배하는 이 시를 1980년대 초반의 정치 현실을 지우고 읽을 수는 없지만, 이 시에서 우리는 자연물인 눈마저도 철저히 암울한 세계의 징후로 읽으려는 특이한 지향을 감지할 수 있다.

> 쬐그마한 숯덩이만한 게 짧은 날개를 파닥이며……
>
> 굴뚝새가 눈보라 속으로 날아간다.

—「大雪注意報」에서

굴뚝새를 비롯하여 이 시에서 나오는 대부분의 살아 있는 것들은 식물과 동물을 막론하고 눈보라에 의해 그 삶의 자동성을 위협당한다. 그들 사이를 잇는 길은 끊어지며 짐승들은 굶주린다. 작은 새 한 마리가 눈보라 속을 날아가는 정경은 어두운 전망 속에서 삶을 견디는 세계 내적 존재의 표상이다.

최승호가 시도하는 어두운 명상에, 도시의 일상적 경험도 중요한 대상이 된다. 이 시대 도시 문명이 마련한 대표적 공간인 지하철을 들어서며 최승호는 〈죽음의 동굴을 내려가〉(「지하철 정거장의 노란 의자들」)고 있다고 생각한다. 변기와 똥을 중심 소재로 삼은 일련의 시편들을 이미 적지 않은 평자들이 주목한 바 있지만 이밖에도 자동차, 자동판매기, 회전문, 공사장, 기계, 공해 등의 소재를 다루는 시편들도 그와 같은 맥락에 있다. 이처럼 죽음에 관한 명상의 화두로 도시적 물상이 자주 채택된다는 사실은 최승호가 가진 비관적 세계관이 문명과 관련이 깊음을 시사한다.

2.

살아 있는 것들이 숙명적으로 지닌 죽음에 대한 지향성 또는 피구속성은, 그 징후를 찾는 최승호에게 〈박제된 시체〉의 모습으로 발각된다. 이를 우리는 〈미라의 상상력〉이라 부를 수 있다. 그의 시에서 미라는 북어, 쥐치포, 오징어, 해마 등 건어물이나 젓갈의 모습으로 얼굴을 바꾸며 그 본질은 자주 인간 전체 또는 시인 자신의 모습으로 환원된다. 「북어」에서는 식료품 가게에 진열된 북어 한 꼬챙이를 보고서 우선 사람들을 연상하며, 다시 스스로에게 냉소의 화살을 옮긴다. 또한 「쥐치」에서는 말린 쥐치의 모습에서 〈포로수용소에 갇혀 있는 / 이름 없는 숱한 사람들〉을 연상하며, 이와는 반대 경우로 「엘리베이터 속의 파리」에서는 사람들의 모습을 통조림 속의 꽁치에 비유하기도 한다. 최승호의 시는 죽음의 문제를 다룬다는 점에서 형이상학적이며 불가지론에 가깝지만, 철저히 비유의 대상을 사물과 생물 즉 물질적 세계에서 찾는다는 점에서 현실적이며 구체적이다.

〈미라의 상상력〉이 구현된 대표적인 시 「죽은 海馬」는 재미있는 발상을 세 개의 연으로 엮었다. 새우젓 사발 속에서 〈절여진 슬픈〉 해마를 발견한 시인은 그를 위해 시를 쓴다. 그 시가 제 2연인데 여기서 화자는 해마이다. 해마는 자신을 젓가락으로 뒤적이고 있는 〈아직 살아 있는〉 시인을 위해 시를 쓴다. 그 시가 제 3연이다. 여기서 화자는 다시 시인인데 이는 해마의 상상력을 전제한 시인이다. 이처럼 교착된 주체와 객체로서 시인과 해마는 결국 윤회의 고리를 통해 동일시된다. 이는 상징적 동일시의 다른 표현이다. 해마는 시인의 입을 빌려 말한다.

> 요즘 나는 계속 해체되는 중이다 하기야 내 살은 바다가 잠시 빌려줬던 것이니까 해체되면서 聖河의 흐름을 따를 수밖에 없다 자 그럼 절여진 海馬는 이만 안녕
>
> —「죽은 海馬」에서

결국 해마의 몸은 바다가 잠시 빌려준 것이며, 같은 논리로 우리의 몸은 세상이 잠시 빌려준 것이다. 우리는 삶과 죽음의 경계 없이 해체되어 가도록, 죽음으로 점점 다가서도록 규정된 존재이다. 이런 생각을 독단이라고 여기면서 상식적인 반론을 제기할 수 있다, 죽을 때는 어쩔 수 없더라도, 우리는 살아 있는 순간을 구별해 낼 수 있지 않은가라는. 이런 건강한 의구심을 위해 시인은 또 다른 명상을 행한다.

> 저것 봐, 숫소가 일어선다.
> 도끼와 뿔의 박치기다.

아니다.

도끼와 급소의 박치기다.

숫소는 글썽글썽한

큰 눈알을 부릅뜬 채 죽어간다.

저놈은 숫소다.

—「숫소」에서

죽음의 현장을 시인은 주목한다. 〈숫소〉는 역동적인 생명의 상징이며, 삶의 시간이 갖는 생명력의 총화이다. 그러나 이 역시 죽음 앞에서 무력하다. 결국 시인은 마지막 행에서 보듯 죽음 앞에서 보일 수밖에 없는 무력한 패배까지를 숫소가 가진 본질적 속성으로 본다. 〈마빈 헤글러는 세계 챔피언이다 / 허지만 죽음의 왕 앞에선…… / 이 점은 불쌍한 투우와 같다〉(「권투왕 마빈 헤글러」)와 같은 다른 시의 구절도 이와 같은 죽음의 인식을 변주한 것이다.

최승호가 행한 죽음에 관한 명상이 거둔 한 수확이라 할 시 「공터」는 죽음과 우주적 질서의 얽힘을 선명한 그림으로 보여준다.

그들의 늙고 시듦에

공터는 말이 없다

—「공터」에서

스스로의 의지와 상관없이 세상에 태어나 늙고 시들고 죽어가는 것들은 〈바람〉이며, 변하지 않는 것은 냉혹하고 무심한 〈공空〉일 뿐이다. 살아 있는 것들은 살아 있다는 사실 그 자체로 죽음에 구속되며, 우주적 질서는 침묵한 채로 불변하며 항존한다. 둘 사이의 관계는 내내 불길하고도 어둡다.

3.

죽음에 대한 최승호의 명상은 악마적이거나 염세적이지 않다. 회의와 허무를 바탕으로 하고 있으나, 그의 명상은 개인의 심리적 특성의 한계에서 벗어나 살아 있는 것들의 슬픈 현실에 닿아 있다. 그래서 궁극적으로 〈삶에 대한 명상〉에 회귀한다.

> 사람이 하늘보다
> 어질게 느껴지는 때가 있다
>
> 원두막에서 비를 피하던
> 농부들을 벼락이 때리는 순간이다
>
> —「사람이 하늘보다」

최승호의 시가 보여주는 삶에 대한 회의와 불신은 삶의 주체에게 근원적 책임을 지우지 않으므로, 우리에게 종교에서 말하는 죄의식과 반성을 강요하지 않는다. 위의 시에서 보듯이 사람은 모르고 고통 받는 무인칭의 피해자인 셈이다. 이와 같은 세상을 왜 사람들은 굴러다니며 힘겹게 살아가고 있는 것일까, 최승호 식의 어법으로 다시 말하자면 힘들게 죽어가고 있는 것일까라는 질문은 그의 시가 보여주는 삶의 태도를 압축하고 있다. 그러나 서글프게도 그 질문의 해답을 우리 모두는 알지 못하며, 알게 될 가능성이 거의 없다. 그렇다면 우리가 딛고 설 최소한의 믿음은 무엇인가.

벌어진 손의 상처를
몸이 자연스럽게 꿰매고 있다.
금실도 금바늘도 안 보이지만
상처를 밤낮없이 튼튼하게 꿰매고 있는
이 몸의 신비,
혹은 사랑.

—「몸의 신비, 혹은 사랑」에서

위의 시는 최승호의 시 가운데 드물게 희망적인 내용을 담고 있다. 오랜 회의와 허무적 명상 후 닿은 긍정적인 세계의 실마리를, 숨겨진 그러나 활기찬 역동성을 함유하고 있는 삶의 욕망 또는 그 구체적 증거인 자기치유 능력에서 발견하게 되는 일은 무척 시사적이다. 이 불가사의한 병든 세계, 끊임없이 죽음으로 다가서고 있는 이 세계에서, 자신의 상처를 〈밤낮없이 튼튼하게 꿰매고 있는 이 몸의 신비, 혹은 사랑〉을 찾아낸 것은 최승호의 절박한 회의와 불길한 명상이 이룩한 성취이다.

이제 우리는 〈밤의 아들에 불과하다 해도 / 세찬 빗발이 나를 두드리고 내가 다시 싱싱해지고 / 나의 두개골 안에 / 불타는 가시덤불의 거센 불길이 느껴지는 이 싱싱한 밤을〉(「밤의 힘」)이라는 구절을 새롭게 읽을 수 있다. 〈우리〉는 서글픈 존재이지만 삶을 포기할 수 없으며, 〈빗발〉치는 현실을 대면하면서 스스로 강해지는, 삶의 주체일 수밖에 없다.

이성 또는 지성에 대한 신뢰는 최승호 시의 출발이다. 그의 시는 상대적으로 감성을 억제하면서 명징하고 논리적인 사유를 실험한다. 그러나 이 지성의 눈으로 관찰하는 대상은 원천적으로 부조리하다. 그의 고뇌는 신뢰할 수 없는 대상의 부조리에서 말미암는다.

뜻 깊은 성취를 남기며 지나온 1980년대 우리 시단에 자리하는 최승호의 몫은 시에서 지성의 완숙하고도 고양된 길을 연 데에 있다. 그 구체적 내용은 죽음에 대한 간단하지 않은 명상이다.(1991)

삶>시

초판 인쇄 • 2015년 2월 22일
초판 발행 • 2015년 2월 28일

지은이 • 이희중
펴낸이 • 박성복
펴낸곳 • 도서출판 월인
서울특별시 강북구 노해로 25길 61(수유2동 252-9)
등록 • 제6-0364호
등록일 • 1998년 5월 4일
대표전화 • (02) 912-5000
팩스 • (02) 900-5036
www.worin.net

ISBN 978-89-8477-588-6 93810

값 13,000원